Souvenirs!

Les cahiers de Jackie

« Les souvenirs sont des îles qui flottent dans l'océan de l'oubli »

Katharina Hagena « le goût des pépins de pomme »

« Il faut compenser l'absence par le souvenir. La mémoire est le miroir où nous regardons les absents. »

Joseph Joubert

Comprend le cahier bleu et les cahiers jaunes (décembre 2017).

Merci à ma sœur Sophie et à son époux Christophe qui ont mis en forme cet ouvrage, assumé la relecture et les corrections du document original.

Tous droits réservés pour tous pays

La loi du 11 mars 1957 n'autorisant, aux termes des alinéas 2 et 3 de l'article 41, d'une part, que les "copies ou reproductions strictement réservées à l'usage privé du copiste et non destinnées à une utilisation collective"et d'autre part, que des analyses et les courtes citations dans un but d'exemple et d'illustration, "toute représentation ou reproduction intégrale ou partielle, faites sans le consentement de l'auteur ou de ses ayants droit ou ayant cause, est illicite" (alinéa 1er de l'article 40). Cette représentation ou reproduction, par quelque procédé que ce soit, constituerait donc une contrefaçon sanctionnée par les articles 425 et suivant du code penal.

© **2017 Auteur Jackie**

Editeur: « Ch. Beyney » par « Lulu »

Toute ressemblance avec des personnes et des faits réels ne peut être que fortuite.

Avant de lire

Les « cahiers » de ma grande sœur Jackie se déroulent en partie à une époque que je n'ai pas connue. Je suis arrivée dans la famille, fin 1940, quatorze ans après la naissance de Jackie, qui était la plus jeune de la fratrie J'ai équilibré la famille : deux garçons, deux filles ! On peut dire qu'au début je ne faisais pas le poids, mais ils m'ont vite fait, entre eux, une grande place ! Il y a quelques années, bien longtemps après la mort de nos parents, Jackie a éprouvé le besoin de raconter une partie de son « histoire ». Elle a commencé par le « cahier bleu », puis ayant pris l'habitude de creuser dans sa mémoire, elle a ouvert un cahier neuf, c'est celui que sa petite fille Alexia a acheté à sa demande. La couleur....ce fut jaune ? Au hasard je crois et trois autres ont suivi. Et c'est reparti ! Quel plaisir pour nous. Encore plein de souvenirs :

joyeux, tristes, drôles, nostalgiques, émouvants, tout y est avec Jackie et surtout c'est plein d'Amour. L'Amour pour son mari, son fils Daniel et sa compagne Rosa, sa petite fille Alexia et sa famille sans oublier tous les autres. Voilà, c'est tout ça les « cahiers de Jackie » !

De la jeunesse de nos Parents, mes frères et ma sœur n'ont pas reçu beaucoup de confidences et moi, encore moins. Nous n'avons pas posé assez de questions. Mais ils ne parlaient pas de leur enfance en Corrèze, très difficile.

Tous deux sont nés et ont vécu dans des communes voisines, à la limite de la Dordogne et de la Haute-Vienne. Ces villes et villages de Concèze, Lubersac, Arnac-Pompadour sont très proches les uns des autres.

Alors pendant toute notre vie, nous n'avons su que peu de choses et pas souvent rencontré le reste de la famille (à part notre oncle Hector).

Il n'y avait pas de fâcherie et il s'échangeait bien quelques lettres, mais les déplacements étaient coûteux et difficiles entre Paris et la province.

Et puis, il y a quelques années, bien longtemps après la mort de nos parents, avec mon mari, nous avons attrapé le virus de la Généalogie et tout a changé.

A nous les archives des Mairies, les Archives Départementales et surtout Internet.

En partant des renseignements du livret de famille de nos parents, voilà ce que nous avons appris. Nos ancêtres depuis des générations, vivaient dans le Limousin, mais certains anciens étaient venus de Dordogne et de Haute-Vienne, très proches.

Maman: **Marjolaine**, avait une sœur, **Marie-Line** et quatre frères:

Pascal (1896), (dit « Louis »), mort, soldat (1917).

Justin (1905) a eu une fille et un garçon, Yveline, et Raynald.

Jules (1908) a eu plusieurs enfants nous ne les avons pas connus, sa vie ne s'est pas faite près de nous.

Hector (1911) a eu Jacquemin.

La famille de ma mère a vécu à Lubersac puis à Arnac-Pompadour.

Lubersac en Corrèze

Selon les actes d'état civil, ils ont été colons (métayers) puis aubergistes. Cette « auberge », (maman parlait d'un café), n'existe plus de nos jours et a laissé la place à la caserne des pompiers.

Notre grand-père Gaétan né à Lubersac est décédé en 1932 dans une maison de retraite à Rabes. Notre grand-mère Madeleine est née et est décédée à Arnac-Pompadour en 1921, peut-être de la grippe espagnole.

Lui était originaire du village de Chamberet, sa famille à elle venait de la Haute-Vienne. Il faut dire que les actes d'état civil anciens peuvent être fantaisistes sur l'orthographe, d'où l'évolution des noms. On remarque aussi souvent, que le prénom sous lequel on connaît les gens dans une famille, n'est pas du tout celui de leur acte de naissance.

Papa: **Fernand**, avait une sœur et un frère

René (1889), mort soldat en 1914, il a eu un fils Gabin (1914);

Marianne (1886), a eu quatre enfants de 3 unions:

Alice (dite Amélie) (1904),

Marion (1906),

Antoine (1910),

Monique (dite Thérèse) (1914).

La famille de mon père vivait à Concèze, ils étaient cultivateurs. C'est de nos jours un tout petit village mais on ne peut pas situer exactement où vivait la famille.

Notre grand-père Jérémy est né en 1860 à Lubersac. Il est décédé à Concèze, en 1903, alors que Papa n'avait pas trois ans!

Notre grand-mère Jeannette est née en 1864 à Beyssenac, elle est décédée en 1927 à Périgueux. Elle est la seule à avoir connu (très peu) mes frères.

En remontant dans le temps nous avons trouvé que nos ancêtres étaient venus d'ailleurs.

D'une part de l'autre côté de la Corrèze, à l'est, d'un village appelé « Marcillac la Croisille » et d'autre part d'un gros village de Dordogne, tout proche de Lubersac, qui s'appelle « Paysac ».

Peu de temps après leur mariage, nos parents ont voulu monter à Paris et Papa est parti, seul, pour « chercher fortune »...

Concèze en Corrèze

Il a trouvé… du travail …

Il laissait Maman, qui attendait leur deuxième enfant, à Périgueux, sous la protection de sa mère, Jeannette et de sa sœur Marianne.

Après la naissance de Jérome, Maman a rejoint Papa à Paris avec son fils aîné, Patrice et très vite, elle s'est retrouvée à attendre son troisième enfant …ma sœur Jackie. Pendant quelque temps, mon autre frère Jérome est donc resté à Périgueux, à la garde de Grand-mère, tante, cousin, cousines.

Nous avons ainsi constaté qu'au début des années 1920, la famille a changé de région, elle a quitté la Corrèze. Elle s'est installée en

Dordogne, à Périgueux, loin de Lubersac, pour quelle raison ?

Peut-être la recherche de travail ?

Bien sûr, nous savons depuis toujours que Jérôme est né à Périgueux (surtout lui) et qu'il était chez sa grand-mère.

Alors dans nos recherches en généalogie nous avons voulu en connaître plus, en consultant les états de recensement de Périgueux :

Notre cousine Alice « Amélie », fille de Marianne avait épousé Marcellin et toute la famille vivait rue Cluzeau dans le quartier du Toulon à Périgueux.

Sur place, en 1926, la famille se composait, en plus du couple Alice et Marcellin de :

. Jeannette (1864), mère de Papa,

. Marianne, sa fille,

. Marion, fille de Marianne,

. Monique « Thérèse », fille de Marianne,

. Jérôme, mon frère, cousin âgé de 6 mois.

Peu de temps après, Jérome a rejoint nos parents, installés dans la région parisienne, où ils se logèrent, au début de façon précaire.

C'est là aussi que commencent les souvenirs de « Jackie », c'est le début de son récit.

Tout ce qui précède, j'ai pensé qu'il était utile de le connaitre, pour mieux situer l'histoire et les personnes mises en scène dans le récit de ma sœur; ma Jackie.

Sophie

Les années 30

*P*our Papa et Maman, c'est après leur mariage qu'ils ont quitté la Corrèze où ils étaient nés pour, comme ils disaient « monter à Paris ».

La vie parisienne

*E*n arrivant, rien n'était comme ils l'avaient espéré. Il y avait de gros problèmes pour se loger.

Au début, Patrice était avec eux, puis ensuite, ils sont allés chercher Jérôme qui était resté à Périgueux, en Dordogne, où il était né, chez Alice (Amélie), la nièce de Papa et où vivait aussi Jeannette, la mère de Papa.

Pour loger, ils ont seulement trouvé une chambre au-dessus d'un café, à Pantin

Les propriétaires étaient âgés et ils les avaient tout de suite acceptés comme de leur famille. Après quelques temps, ils aidaient même au service au café.

Ces gens avaient un fils, qui très vite, avait considéré Patrice comme un petit frère.

Il est vrai que tout le monde l'aimait, il était beau et très à l'aise dans sa nouvelle vie.

Sans problème, il s'installait à une table du café après avoir été chercher un croissant à la boulangerie à côté, il le mangeait en buvant une grenadine.

Il était jeune, environ trois ans et les clients le connaissaient tous et le gâtaient. Patrice ne payait pas ses croissants!

C'est la boulangère qui un jour l'a dit à Maman et elle a réglé les « dettes » de Patrice. Pour les parents c'était la malchance, le travail était très difficile à trouver. Papa prenait n'importe quoi, il déchargeait des bateaux, cassait des cailloux, et pour lui Français, la situation était la même que pour tous ces étrangers fuyant leur pays, croyant trouver mieux chez nous.

Ils étaient tous des « immigrés », comment croire que ces années étaient de belles années? Pour les riches, sûrement!

Le café, à pantin et au-dessus, la chambre.

La rue Heurtault

Après ces années de galère, ils emménagèrent dans leur premier appartement dans la rue Heurtault à Aubervilliers. Cette rue, n'a guère changé depuis plus de cent ans. On entrait par une grande porte cochère en bois dans sur une cour grise, triste, mal pavée. J'avoue qu'à cette époque, cela paraissait normal! Dans cette maison, habitait une vingtaine de personnes. Avec les autres enfants c'est dans cette cour que nous jouions. Je me souviens qu'il y avait un robinet pour l'eau, pour *tous les ménages et surtout un seul WC. Il fallait, chaque jour monter l'eau propre et descendre l'eau sale. Tous les matins, nous devions effacer les petits ennuis de la nuit! Avec le recul du temps, que de fatigue pour Maman, trois enfants et commodités réduites à leur plus simple expression. Notre premier logement, c'est très flou dans ma mémoire, ensuite, dans la même maison nous avons changé pour un plus grand. Enfin, pas beaucoup plus grand, il y avait deux chambres et une cuisine. Il était à un étage et demi par rapport à la cour, toujours sans eau courante ni WC particulier.*

Il était toujours aussi vieux et triste.

La cuisine sans fenêtre donnait directement dans le couloir, avec presque toujours la lumière allumée. On ouvrait les fenêtres des chambres, pour aérer, parait-il!

Dans cette cuisine, nous avions une cuisinière à charbon qui marchait tout le temps, pour cuisiner et pour sécher le linge. C'est là que nous prenions nos repas.

Une grande peur

Un soir, les « ronds » de la cuisinière étant rouges, maman, pour la ralentir, a réduit le tirage en tournant un peu la clef du coupe-tirage situé sur le tuyau d'évacuation des fumées. Nous sommes allés nous coucher sans rétablir un tirage normal. Dans la nuit, la clef ayant sans doute tourné seule, de sérieux ennuis ont commencé. Il parait que je me suis mise à parler très fort et même à chanter, cela a réveillé Maman, mais elle ne pouvait pas bouger. Elle a secoué Papa, mais il ne se sentait pas bien. Mon grand frère, appelé par Papa s'est levé, mais il est tombé dans la chambre, mon autre frère n'a pas bougé. Papa réalisant que quelque chose d'anormal arrivait, a réussi à se lever; renversant sur son passage table et chaises, il est parvenu à ouvrir la porte du couloir. L'air du dehors lui permettant de respirer, il a frappé à la porte des voisins.

En pénétrant dans l'appartement, en sentant les odeurs de gaz et de fumée ils ont ouvert les fenêtres pour aérer.

Les pompiers sont venus, la police aussi, car il pouvait s'agir d'un suicide! Mais nos voisins savaient que nous n'avions pas envie de mourir.

Papa nous avait sauvés!

C'est vrai, qu'à cette époque, la vie n'était pas facile pour nos parents.

Pour laver, Maman allait au lavoir rue du Moutier. C'était un grand bâtiment en bois, sombre à l'intérieur. Lorsque la lessive était lourde et comportait des grosses pièces, des draps, Maman prenait, comme les autres femmes, une brouette.

J'allais quelques fois avec elle, mais elle n'aimait pas, il y avait beaucoup d'humidité au lavoir, ça sentait le savon et les autres produits et bien sûr, beaucoup de bruit. Ensuite, revenue dans la cour, elle rinçait son linge, pliée en deux auprès du robinet. C'était défendu, la propriétaire ne voulait pas de ça. Mais comme elle n'habitait pas là, ni vu ni connu! Comment faire autrement?

Le cheval de Papa

Je me demande pourquoi je raconte ces choses? Sans doute pour faire connaître la vie très difficile à cette époque pour les ouvriers.

Papa travaillait dur, pas d'aides de toutes sortes, pas encore de « caisse de compensation » maintenant « allocations familiales »

Papa travaillait aux abattoirs de la Villette. Il livrait la viande et charriait à longueur de journée des demi-bœuf, portés à l'épaule, qu'il livrait avec une voiture à cheval. Il partait le matin à l'aurore, les journées étaient longues. Je me souviens, lorsqu'il avait une journée de repos, il restait le matin un peu plus tard au lit. Maman lui amenait un café et moi, j'en profitais pour faire un câlin.

On chantait tous les deux. J'étais heureuse car avec son travail nous ne passions pas beaucoup de temps ensemble.

Un jour, Papa a pensé qu'il pourrait très bien faire ce travail, à son compte.

Il a emprunté un peu d'argent, s'est procuré une vieille carriole et un vieux cheval.

Pour l'écurie, pas de problème, dans la cour, dans un vieux bâtiment, il y en avait une, utilisée, aussi par nos amis, les commerçants du rez-de-chaussée.

Alors, il a commencé courageusement ses tournées. Mais le cheval était une carne et un jour il a mordu gravement Papa au bras.

Dans l'impossibilité de travailler, il a dû revendre carriole et cheval et se retrouver avec quelques dettes et quelques désillusions.

Mais Papa et Maman avaient des amis et ils étaient comme on dit à présent: des battants!

Ils s'entendaient très bien, jamais ils ne se disputaient, ils nous évitaient leurs tracas.

Nous allions à l'école et nous rentrions le midi pour déjeuner, j'imagine que c'était un problème de plus. Ils ne se plaignaient jamais devant nous, étaient toujours de bonne humeur, ils nous aimaient.

La campagne et la pêche

***U**n jour, nous avons attrapé tous les trois la coqueluche et Maman aussi. Le docteur avait souhaité, en voyant Maman si fatiguée, que nous partions tous les quatre à la campagne pour* *changer d'air. Papa a trouvé quelque chose à Torcy, en Seine et Marne et nous y a installés.*

Je ne sais plus combien de temps nous sommes restés là-bas. Papa connaissait ce coin, parce qu'à la belle saison, nous y allions à la pêche, avec nos voisins commerçants qui étaient devenus nos amis.

On partait de bonne heure le matin, il fallait appâter!

Papa apportait de la Villette du sang et d'autres choses que les poissons appréciaient, hélas pour eux, car parait-il, je ne m'en souviens plus très bien, la pêche était toujours miraculeuse.

Nous mangions cette bonne friture au bord de l'eau, avec beaucoup de plaisir, ainsi que les « petits plus » confectionnés par les femmes et qu'elles avaient apportés.

Nous les enfants, nous pêchions à l'aide de boites de conserve, sans beaucoup de résultat.

A présent, je me demande vraiment comment nous passions nos journées sans nous lasser.

Pour ces balades, je me souviens bien du camion où nous montions tous et de nous, les gosses, fatigués de ces belles journées. On rentrait la nuit venue, ce camion appartenait à nos amis, ils avaient deux enfants de notre âge: Josette et Roman. Comme avec nos autres amis bretons, nous sommes restés très proches, jusqu'à ce que la vie nous sépare de longues années après.

L'époque n'était pas triste, je crois avoir toujours entendu mes Parents chanter et nous, nous faisions la même chose. Dans cette cour, nous étions sept enfants, on jouait ensemble, à quoi?

On n'avait pas grand-chose. Pour les quatre garçons et les trois filles, c'était la «dinette», on se déguisait en n'importe quoi.

Il y avait aussi «les osselets», un jeu d'adresse. On se passait des magazines, Tarzan, Hura.

Les garçons jouaient aux billes, on se chamaillait mais ce n'était jamais méchant.

Papa et Maman cherchaient toujours à se loger un peu mieux et un jour, nous avons simplement traversé la rue.

Dans la maison d'en face, nous nous sommes installés au deuxième étage dans un nouvel appartement.

Il y avait une salle à manger, une cuisine et deux chambres, c'était très clair ... mais plutôt petit. Pour notre grand bonheur, il y avait l'eau sur l'évier! C'était magnifique, surtout pour Maman. Le WC commun était sur le palier.

Nous retrouvions nos amis bretons qui eux étaient au troisième étage de cette maison.

Dans ce couple d'amis, lui, Théophile, était chauffeur de taxis et Rose, son épouse travaillait, en face, dans le commerce de nos autres amis, situé dans la précédente maison, là où nous avions vécu.

Quand on parlait de Rose, on disait «la petite dame».

Rose et Théophile avaient deux filles: Dany et Jeanne-Marie, elles étaient gardées en Bretagne par leurs grands -parents.

Lorsqu'elles étaient à Aubervilliers, elles arrivaient très tôt, le matin, avec Rose, Maman prenait Dany qui était toute petite et la mettait au lit avec ses fils Un peu plus tard, les garçons partaient à l'école et Dany se rendormait.

Patrice appelait Dany «petite crêpe de sarrasin» et Jeanne-Marie, «petit pot de beurre salé», elles étaient comme nos petites sœurs.

Puis, la situation professionnelle de Papa s'est améliorée, il est entré comme chauffeur postier.

Il dépendait de la grande poste à Paris où arrivait tout le courrier.

Ce courrier, lui et d'autres collègues l'amenaient à l'aéroport du Bourget d'où il repartait dans toutes les directions. Papa travaillait en équipes «les trois / huit », ce qui lui permettait d'aller encore travailler à l'abattoir de la Villette une ou deux fois par semaine.

Le Jardin de Papa

*P*our son plaisir, la commune lui a attribué en location un jardin ouvrier, un petit terrain à La Courneuve ou Pantin, près des bâtiments du journal « L'Illustration », c'est devenu ensuite l'hôpital « Franco-Musulman » et aujourd'hui l'hôpital « Avicenne ».

Papa a construit une « cabane »: notre résidence secondaire! Il y avait une cuisine, avec une cuisinière à charbon et dans la salle où nous mangions, une grande table avec deux grands bancs, pour douze personnes, au moins. Dans son jardin, Papa faisait pousser toutes sortes de légumes, mais aussi des fraises et il avait aussi planté des arbres fruitiers, un pêcher et un prunier. Il y cultivait aussi beaucoup de fleurs; Ces fleurs faisaient l'admiration des passants et aussi des voisins.

Quand il revenait du jardin, il avait souvent un beau bouquet pour Maman. Pour transporter ses « récoltes» il avait un très vieux vélo, avec devant un grand panier.

Ce ravitaillement était souvent partagé avec les voisins, car il y avait entre eux une très bonne entente. Ces voisins avaient souvent eux aussi leur jardin et avec leurs enfants nous faisions ensemble des jeux et aussi des bêtises.

Les vacances au jardin

C'est aussi au jardin que nous passions les vacances, il n'était pas question de partir loin.

De temps en temps (trop souvent selon nos Parents) nous allions, mes frères et moi, visiter les alentours du fort d'Aubervilliers, tout proche.

C'était défendu, nous faisions «le mur».

Il fallait sauter des mares, des murets, un jour mon jeune frère s'est tordu la cheville, avec mon aîné, avons eu beaucoup de mal à le ramener au jardin.

Papa ne nous a pas grondés, il a mis Jérome sur son vélo et ils sont allés chez un rebouteux.

Dans ce fort, nous trouvions, dans les mares, des grenouilles, des têtards et des tritons.

On prenait des risques, sans en être conscients.

Pour nous, c'était comme une «expédition». Au jardin, quand nous étions partis, Maman n'était jamais tranquille, ne sachant pas où nous étions vraiment.

Notre corvée, à nous trois, c'était de remplir, à l'aide d'une pompe à bras, les deux grands tonneaux de la réserve d'eau d'arrosage pour Papa.

Évidemment dans ces tonneaux, nous y mettions nos grenouilles et autre bestioles. Papa râlait, car souvent ça bouchait son arrosoir.

Les fêtes au jardin

De ce jardin, je n'ai que de bons souvenirs, c'était la fête. Les voisins, les amis se retrouvaient là. Tous participaient aux frais, ce n'était pas la richesse. La table de douze était souvent complète pour un déjeuner simple ou pour arroser un événement, un plaisir, on chantait. Au jardin, nous passions nos jeudis, nos dimanches en plus des vacances. Lorsqu'il faisait beau Dany et Jeanne-Marie venaient avec nous et le Dimanche, Rose et Théophile étaient de la partie. Les femmes préparaient le repas, aujourd'hui, il serait « bio » avec les légumes et les fruits du jardin. Papa s'occupait de l'approvisionnement en viande et Maman faisait son fameux gâteau, toujours un quatre-quarts (sans beurre), mais on appréciait. Et puis, nous repartions jouer. Le soir, le retour était calme et fatiguant, la route du jardin à chez nous était longue, il n'y avait pas d'autobus. Je bénéficiais de l'autorisation de monter sur la pédale du vélo que Papa poussait à la main. Il n'y avait pas besoin de nous bercer pour nous endormir le soir, mais que de belles journées que de beaux souvenirs, ces moments passés dans notre «résidence secondaire». Les Parents toujours en quête d'un logement meilleur continuaient à chercher plus grand, plus commode.

Au **Passage de l'Avenir**

Un jour ils ont trouvé cette maison au bout du passage de « l'Avenir », quel joli nom pour cette rue, pas très loin de la rue Heurtault. C'était, un « pavillon », comme on dit en région parisienne, de plain-pied sur la rue. Tout a changé pour nous, il y avait quatre pièces! On entrait par la porte du garage, deux pièces donnaient sur la rue, les deux autres sur la cour, à l'arrière de la maison. Il y avait aussi un grand sous-sol, où nous avions installé des clapiers avec des lapins. La porte arrière de la maison donnait sur une petite terrasse.

Et là il y avait une petite cabane, « c'était la cabane au fond du jardin », dont je vous laisserai deviner l'usage. Sur cette terrasse Papa avait mis des grands pots avec de superbes plantes grasses. Puis il a fait venir un peintre, un ami qui nous a fait une belle maison. Dans chaque pièce, il a vraiment trouvé et assorti le papier peint et le ton de la peinture qu'il fallait. Quel changement pour les parents, parfois ils repensaient à ces années si difficiles dans notre premier logement. Alors, ils entreprirent des recherches pour meubler au mieux. Bien-sûr ces meubles n'étaient pas neufs mais tous étaient à nos yeux, très beaux. Pour moi la salle à manger était superbe. Les parquets de bois nécessitaient le passage de la «paille de fer» et l'encaustiquage, quel travail et c'était souvent le mien. La plus grande des chambres était celle des enfants où mes frères partageaient un grand lit et l'autre lit était pour moi; cette chambre avait une porte qui donnait sur le garage. Çà rendait quelques services. La deuxième chambre était celle de nos Parents. Le partage du lit entre mes frères posait quelques problèmes de «territoire». L'un, le plus âgé voulait que l'autre se tourne vers le mur pour dormir, ainsi, il prenait la plus grande place. Pour règlement des conflits, ils m'appelaient. Je découvrais le lit, très sérieusement et je contrôlais. Ils trouvaient cela très drôle, mais ça marchait. Bien souvent, ils étaient d'accord tous les deux pour m'ennuyer, mais ce n'était jamais méchant, j'étais la petite sœur.

Dans la maison, il y avait aussi le chat «Prosper», il était très beau, magnifique, noir avec de beaux yeux verts. Il était très gentil, mais avec nous trois, quand il en avait assez, il prenait le large. C'est avec grand plaisir qu'il venait nous retrouver au lit, alors, là, Maman lui faisait la chasse « Pas de chat dans les lits », disait-elle! Plus tard, quand ma petite sœur a été là, pour faire participer Prosper à ses jeux, elle l'habillait et le promenait sur un chariot, lui, très gentil, il la laissait faire.

Le quartier du canal, les péniches

L'installation de la maison terminée, nous avons fait connaissance avec nos nouveaux voisins.

Le canal Saint-Denis était tout près de chez nous, avec son pont tournant, c'était superbe. Nous étions les «gadjies» (nanas) et les «gadjos» (mecs) du Quai des Vertus. C'était son nom, maintenant, c'est le quai François Mitterrand. Les copains d'alors, deviendront des amis. Il y avait des Français bien-sûr, mais aussi des Espagnols, des Italiens, des Polonais. Tous se retrouvaient au bord de l'eau, sur le quai où nous formions une bande. Je peux affirmer que jamais il n'y avait de dispute entre nous. Le long du quai, des péniches restaient souvent très longtemps à l'amarre. Sur ces bateaux, vivaient des jeunes qui sont venus vers nous et nous aussi, nous sommes allés vers eux. Une péniche s'appelait « Rosita », une autre « Le Labrador ».

Aubervilliers, le pont tournant, le canal St Denis

C'étaient des bateaux venus décharger du charbon, d'autres du ciment ou des briques. Pour rejoindre les péniches, on traversait par le pont du Landy, car elles étaient amarrées de l'autre côté du canal.

A l'intérieur, pour les mariniers, le logement était comme une vraie maison, très grande et confortable, surtout sur «Le Labrador». Sur ce bateau, la fille du marinier, c'était Jeanne. Elle s'occupait de tout, elle venait nous retrouver chaque jour, quelques minutes ou plus, avec un de ses deux frères. Elle avait son père mais hélas, plus de mère. Ils étaient du Nord, de Chauny, ils sont restés à quai pendant toute la guerre.

Sur l'autre bateau, il y avait plus de monde: Les parents, la fille et ses deux enfants et de temps en temps le gendre quand il n'était pas en prison! Il faisait pas mal de bêtises et commettait des larcins... Ils étaient tous très beaux, « Rosita », le nom du bateau, était en fait celui de la fille. Dès le début, elle est venue rapidement vers nous, elle était très jeune et avide de trouver des amis. Elle avait deux jeunes enfants et un gros chien qui suivait pas à pas la petite qui avait deux ans, la poussant quand elle s'approchait trop près du bord du quai. Malgré son jeune âge, elle se débrouillait déjà très bien dans l'eau.

La pêche dans le canal

*D*ans ce canal, très souvent, les garçons pêchaient, et moi je devais apporter des mouches!

Ces appâts je les attrapais dans la maison ou ailleurs et je les mettais dans une petite boite. Mon frère aîné était le «roi de la pêche», il attrapait beaucoup de petits poissons. Mon plus jeune frère se demandait comment il pouvait faire. Alors, il prenait sa place et sa ligne, mais rien n'y faisait, il n'était toujours pas le meilleur, le champion. Plus tard les rôles se sont inversés, il attrapait de vraies « fritures » que nous mangions ensuite avec plaisir. Pour la baignade, nous nous retrouvions, toute cette petite bande, au bord du canal. L'eau était propre et beaucoup nageaient, garçons et filles.

Bien entendu, tous ces enfants allaient à l'école.

La vie du Quartier

A la suite de ces années de galère, quel changement. Nos parents avaient trouvé une vie modeste mais tranquille dans cette petite maison du passage de l'Avenir. Nous les jeunes, nous demeurions tous pas loin les uns des autres et souvent les copains venaient à la maison. Nous avions grandi, mais nous étions toujours aussi unis.

Le passage de l'Avenir, c'était à l'époque une chaussée faite de gros pavés inégaux, il n'y passait que de très rares voitures. D'un côté, devant les maisons, un trottoir étroit et de l'autre un très large trottoir en terre où poussait de l'herbe ; il longeait *un grand mur. L'été, on s'installait là, par terre, ça faisait un peu « campagne ».*

Notre pavillon avait deux fenêtres sur rue, elles étaient très basses et c'est souvent que pour sortir, pas de problème, on passait par là.

En face, derrière le grand mur, il y avait une scierie et un chantier de bois.

Les adultes sortaient facilement les chaises sur le trottoir et pour meubler la soirée, ils bavardaient, les soirées étaient longues en été.

C'était encore l'âge des « goûters », l'entente était bonne entre parents de copains. Si l'un ou l'autre se trouvait là, on partageait. Pourtant dans le quartier, ce n'était pas la richesse.

Dans la maison d'à côté, qui avait deux ou trois étages, il y avait des « étrangers » et aussi quelques Français.

Une famille était yougoslave, l'autre polonaise, la vraie misère. Au rez-de-chaussée, c'était un couple avec deux enfants.

Le propriétaire de cette maison, le dernier héritier d'une famille, avait la tête « à l'envers », les gosses l'appelaient « Tonton le fou », il se baladait toute la journée et rentrait le soir coucher dans sa maison. Nous on l'appelait « Tonton Gaspard ». Il était jeune, peut être trente ans, il était très grand, certains gosses se moquaient de lui et parfois lui lançaient des pierres. Mon frère aîné, souvent leur courrait après pour les faire cesser de l'importuner. Il y avait aussi deux hommes qui habitaient là, dont un avait été Comte de je ne sais plus quoi. Personne ne payait de loyer.

C'étaient en quelque sorte des « squatters », même si le mot n'était pas encore usité.

Maman, à cette époque, était un peu le « resto du cœur » en ces années difficiles, quand elle faisait la soupe, souvent elle leur en distribuait et ils l'attendaient cette soupe!

L'inquiétude

Dans ces années 1936 / 37 / 38, pour nous adolescents, tout semblait simple. Nous étions encore trop jeunes pour comprendre ce qui alors se préparait. Bien-sûr on entendait les adultes parler, il y avait des grèves, des manifestations, des rumeurs venant des pays étrangers. Un gros orage se préparait qui allait bouleverser la vie de millions de gens en Europe et ailleurs; nos parents suivaient tout cela de très près et j'avoue que je commençais à avoir peur, en 1938, j'avais 12 ans. On parlait de cet homme, un Allemand, Adolf Hitler, mais pour moi, comment croire que cet homme allait prendre le pouvoir et anéantir, exterminer ceux qui le gênaient?

Hélas, des pays allaient être asservis, des gens comme nous allaient mourir, souffrir par la folie d'un homme qui se voulait le conquérant du monde.

Comment expliquer qu'il était arrivé à rassembler autour de lui tout un peuple. Pas tous, mais ceux-là ont été les premiers à disparaître.

C'est vrai, j'étais trop jeune pour tout comprendre, nous n'avions pas la quantité d'informations, comme c'est le cas maintenant. Notre vie était simple, pour moi beaucoup de choses étaient inexplicables.

1939, la guerre

Le jour de déclaration de guerre, en mai 1939 a provoqué pour nous un brusque changement dans notre vie. Pour beaucoup de familles, les hommes partaient, brusque séparation, un peu plus de misère.

La mobilisation générale

Papa a été mobilisé tout de suite, mais comme il avait trois enfants il a été « mobilisé sur place », à la Poste. Il a été affecté au déménagement des papiers importants (les archives de Paris et aussi de l'argent).Tout cela partait à Vichy. Nos grands dirigeants de l'époque partaient aussi se mettre à l'abri en province. Certains restaient. Nous à Aubervilliers, nous étions « gâtés », nous avions Pierre Laval comme Maire, plus tard condamné pour collaboration avec l'ennemi et fusillé. Vichy était une jolie ville de province fréquentée par les curistes de l'époque. Elle se serait sans doute bien passée de sa nouvelle renommée, de l'arrivée du gouvernement Pétain et *de tous ces « planqués ». Certainement que les habitants de Vichy étaient mécontents de voir s'installer tout ce beau monde de réputation douteuse, mais ils n'y pouvaient rien et comme nous devaient être très inquiets pour la suite des événements. Les choses se précisant, toujours en 1939, le gouvernement a décidé de faire évacuer, les enfants de Paris et des Banlieues. Presque tous les parents ont répondu à cette demande, pensant que nous serions à l'abri des bombardements éventuels.*

L'arrivée au couvent

Alors, nous sommes partis avec un très léger baluchon, à Sées dans l'Orne.

Pas simple de quitter les parents dans ces conditions. Des trains nous ont emmenés dans cette ville. Nous étions beaucoup, toutes les classes de notre secteur des banlieues du département de la Seine.

Nous avons été séparés, mes frères étaient avec les autres garçons dans un séminaire, nous les filles dans un très grand couvent, « l'Immaculée Conception ».

Il a fallu s'installer... Nous couchions dans des grandes salles, sur des paillasses! Quel changement de vie, même pas de « commodités » pour les besoins élémentaires, c'était lamentable. Nous étions des centaines de jeunes, nous ne connaissions que ceux de notre école. Pour manger, parlons-en: rien ou presque. Aucune organisation pour recevoir autant d'enfants de 5/6ans à 14 ans ou même plus. Rapidement, les poux ont fait leur apparition. Ce fut terrible pour certaines filles. Les cheveux étaient coupés et pas par des coiffeurs, bonjour les dégâts, quel gâchis, que de larmes. Nous étions alignées, en rang, attendant notre tour, ensuite à chacune était appliquée une lotion anti-poux. Il fallait faire face à plein d'ennuis et de problèmes, il n'y avait pas assez de personnel, alors là encore, les plus grandes aidaient les plus petites. Pour la toilette, ça ne durait pas très longtemps, déjà il fallait pouvoir s'approcher du robinet d'eau. Un vrai parcours du combattant. Enfin, ça ne se passait pas trop mal vu la situation. On essayait de faire pour le mieux. Il fallait oublier certains moments difficiles et il y avait bien-sûr des « râleuses »

La vie au couvent

Malgré tout cela, on riait, on apprenait des chansons, des danses. Certaines de ces filles étaient de familles plus aisées, elles avaient été au cinéma, au théâtre, aux spectacles. Alors elles apprenaient aux autres, à chanter, à danser, surtout à celles de leur classe, de leur école et même à qui voulait.

Nous étions quelques-unes de l'école « Victor Hugo » qui participions, on formait des groupes dans cette grande cour, au milieu de toutes les autres.
Chacune d'entre nous essayait d'oublier un moment ce qui pouvait arriver.
On attendait toutes, sûrement, des nouvelles de nos familles. Et quand enfin, arrivaient les lettres, c'était un peu de bonheur ou des larmes. La distribution du courrier était toujours un moment difficile et long, toutes, nous espérions une lettre.

L'alerte

Un jour, pour la première fois, nous avons entendu les sirènes, aussitôt, rassemblement général avec nos maîtresses et autres adultes. Ils n'étaient pas assez calmes pour nous expliquer ce que nous devions faire.
Il y a eu beaucoup d'affolement, avec tant de jeunes à calmer et à faire sortir, en rangs pour prendre le chemin de la campagne.
Les « dirigeants », eux sont partis en camionnette, avec beaucoup de documents, sans doute très importants, nous laissant avec deux ou trois maîtresses. Heureusement, les gens de Sées qui eux aussi fuyaient la ville, nous réconfortaient.

Certaines des filles avaient très peur, elles pleuraient, criaient et nous parlaient de bombardement, de gaz! Nous sommes arrivées en pleine campagne, puis dans les bois. Les adultes qui étaient avec nous nous donnaient des conseils.

Pour les gaz, il fallait faire « pipi » sur son mouchoir et se l'appliquer sur le nez afin de respirer au travers. C'était très réconfortant!

Nous étions cinq filles, toujours ensemble, nous n'avons pas trop paniqué. Puis de nouveau nous avons entendu la sirène annonçant la fin de l'alerte. Il y avait quelques dégâts dans les environs, mais pas chez nous. Nous avons regagné « l'Immaculée Conception », nos dirigeants aussi avec leur camionnette.

A partir de ce moment, toutefois, nous n'avons plus eu tout à fait le même état d'esprit.

Les sorties

Nous pouvions sortir, pour celles qui le voulaient, en promenade vers la campagne, les bois. J'étais toujours partante, au début, ce n'était pas facile de nous garder toujours enfermées.

Dans cet ancien couvent, il y avait trop de filles ne sachant que faire de leurs trop longues journées. Nous venions d'écoles différentes, ne se connaissant pas beaucoup, même pas du tout et il y avait bien-sûr quelques conflits.

Un jour, en partant en promenade, j'ai eu la chance et la malchance de rencontrer mon plus jeune frère.

Avec un groupe de garçons, ils avaient eux aussi, quitté leur « séminaire » pour promener un peu. Instinctivement nous avons voulu aller l'un vers l'autre, mais rappelés sévèrement à l'ordre par nos « gardiens ».

Nous nous sommes regardés tristement en partant chacun de notre côté.

Il était impossible d'avoir des nouvelles sur ce qui se passait. Certains jours je me sentais très seule, très loin de chez moi.

Un gentil Curé

*P**ourtant, quelques jours après cette sortie, la Directrice m'a fait appeler dans la cour, par le hautparleur, quelqu'un demandait à me parler. Dans la cour, en regardant bien, j'ai vu parmi les filles, un curé qui attendait. J'ai eu très peur, peut-être s'agissait-il de mauvaises nouvelles ?*

Je suis allée vers lui et lui s'avançait vers moi, souriant me disant que tout allait bien et que mes frères voulaient de mes nouvelles et qu'ils s'inquiétaient pour moi. Il bavardait souvent avec mon frère aîné et c'est sur sa demande qu'il venait me voir. Il m'a écouté puis m'a dit qu'il avait parlé à la Directrice de sa Maman qui vivait à Sées et qui tenait une petite mercerie. Alors, comme ces dames (nos surveillantes) voulaient s'occuper, j'avais la permission de sortir avec lui, pour faire quelques achats pour elles. J'ai donc fait la connaissance de sa mère. Elle était très gentille et s'inquiétait de savoir comment était ma vie au « couvent »

Elle m'a donné des gâteaux, des bonbons que j'ai partagés au retour, avec mes amies. J'y suis retournée une autre fois avec ce gentil curé.

Sa mère m'avait fait un bon gâteau que j'ai eu beaucoup de mal à garder sans le manger, pour pouvoir au retour, le partager avec les filles.

Profitant de cette sortie, j'ai posté quelques lettres de mes amies et une pour Maman.

Normalement, nous devions faire très attention à ce que nous écrivions par la voie normale. Le bureau lisait tout ce que nous pouvions écrire ou recevoir, il y avait la « censure », pas question de relater quelque chose de désagréable ! Par la suite, les relations avec ce curé, m'ont permis de gagner la confiance de la Directrice et de pouvoir sortir seule pour faire quelques courses pour « le bureau ».

Évidemment, j'en profitais pour moi et aussi pour les copines. Les courses en question, ce n'était rien d'important : peigne, savonnette, papier à lettre, des choses qui prenaient beaucoup d'importance pour nous les filles. En principe nous ne pouvions garder avec nous ni timbre ni argent.

Je garde un souvenir particulièrement agréable de mes promenades, ce jeune curé et moi dans les rues de Sées, merci curé. Merci aussi à mon frère qui *avait fait le nécessaire pour que nous puissions avoir des nouvelles les uns des autres.*

Puis, dans la crainte des bombardements, la Direction a reçu l'ordre de nous faire quitter Sées.

Départ du couvent

Chaque école allait partir pour une autre destination, nous étions assez inquiets, sachant seulement que nous serions loin des villes. Je savais aussi que je ne pourrai plus avoir de nouvelles de mes frères, eux aussi ils quittaient Sées. Je n'avais que peu de nouvelles des parents, j'allais me sentir seule de nouveau loin de la maison et des miens.

Je devais réagir, faire face à ce qui m'attendait. Ne parlons pas du moral, nous étions toutes dans la même galère, il fallait « ramer », mais nous n'étions pas toutes semblables, nous ne réagissions pas forcément de la même manière face à l'éloignement des parents. Un matin, au réveil, après le petit déjeuner, à l'appel d'un hautparleur, nous avons toutes été réunies dans cette grande cour pour apprendre que nous partions. On nous a donné l'ordre de ramasser rapidement nos affaires, de marquer notre nom sur notre paillasse, nos couvertures et nos affaires. Ce départ un peu précipité n'était pas simple, il fallait du temps pour faire tout cela. On nous poussait à faire vite, à nous dépêcher à faire « au mieux ».

Ensuite j'ai dû gagner le point de rassemblement des enfants de l'école Victor Hugo, dans la cour.

Nos surveillants étaient là et nous avons attendu les cars qui viendraient nous chercher.

Dur moment! Nous avions passé des périodes difficiles toutes ensembles et nous devions nous séparer école par école. Mes amies étaient dispersées, il fallait se quitter, quelle pagaille, les surveillants avaient beau siffler, on se cherchait pour s'embrasser, pour se dire, au revoir, dans les larmes. Nous partions dans des directions différentes, nous avions peur du futur, sans savoir où nous allions ni pour combien de temps. Nous avons pris les cars, je ne sais plus à quelle distance de Sées était l'endroit où nous sommes enfin arrivées. C'était vraiment en pleine nature, cet endroit s'appelait « Le Pussou ».

Le « Pussou »

On a découvert une grande maison, un manoir qui avait dû jadis être très beau. Mais là, malgré le soleil de cette belle journée, il paraissait perdu, triste, comme nous d'ailleurs. De ce qui devait dans le passé s'appeler « parc », il ne restait qu'un grand espace tout autour de la maison.

Des hommes nettoyaient l'extérieur, avec toute cette herbe, ces arbustes, ces arbres, c'était vraiment la campagne. Il y avait même une petite rivière que nous avons découverte après notre installation. Nous sommes entrées dans cette maison où trois femmes étaient chargées de nous aider à nous installer.

Toutes ces grandes pièces vides, quelle triste surprise! Sur les directives de nos accompagnateurs, nous avons dû nettoyer les emplacements où mettre nos paillasses.

Nous étions fatiguées, démoralisées et malgré le ménage fait par ces femmes, il restait beaucoup de poussière.

Il y avait beaucoup de ces araignées à longues pattes des « faucheuses », c'est leur nom. Pour nous c'était un cauchemar, pourtant elles n'étaient pas dangereuses. Il y en a eu des oh! Des ah!

Et puis on nous a apporté nos paillasses et quelques armoires pour ranger nos affaires, nous en avions si peu! Mais consolation, on a pu se regrouper par affinité. Nous étions cinq amies proches. Nous sommes restées jusqu'au soir avec les plus jeunes dont nous avions la garde.

Pour la nuit, finalement ces petites ont été regroupées dans une autre pièce afin de pouvoir mieux les surveiller. Parmi elles, la petite Ida a versé quelques larmes, elle croyait pouvoir rester près de moi. Ces petites avaient besoin de câlins, de bisous, avec le recul du temps, je sais que nous en avions toutes besoin. Mais il fallait garder le moral, si l'une d'entre nous pleurait, les autres pleuraient aussi.

Enfin, notre jeunesse nous permettait de passer assez facilement des pleurs aux rires.

Les repas

*V*enons-en à la nourriture; elle était très simple. Pendant ces périodes, je ne me souviens pas, c'est loin tout ça, avoir mangé de la viande rouge; c'était plutôt, quand il y en avait, de la volaille ou de la viande blanche, accompagnée trop souvent de pommes de terre trempant dans du lait ou des pâtes mais peu de fromage; pour les desserts, des crèmes assez consistantes!

Le soir c'était du potage, le matin, de temps en temps, ce qu'on appelait du café, du café au lait, ou du bouillon avec des tartines. Les souvenirs sont moins précis aujourd'hui, le temps a passé, mais ce que je me souviens bien c'est que nous avions toujours faim! Heureusement il y avait du pain! Nous pouvions bien sûr nous promener, pas de risque de nous échapper. Nous trouvions quelques fruits dans les arbres, sur les arbustes. On n'avait pas le temps d'attendre qu'ils soient bien mûrs avec comme conséquence, « la tourista ».

Près de la maison, il y avait une ferme et aussi une source; l'eau pour boire, nous allions la chercher là, dans de grands brocs. A l'occasion de ces allers et retours, la dame de la ferme est venue vers nous. Elle savait comment nous vivions, elle avait de la place chez elle et avait demandé au maire d'intervenir auprès de notre direction pour prendre quelques-unes d'entre nous à la ferme afin d'adoucir notre vie. La directrice n'a pas donné suite à cette demande et nous avons eu l'interdiction de parler au voisinage.

Les jeunes filles espagnoles

Un jour, on nous a présenté deux jeunes filles, elles allaient vivre avec nous. Elles étaient espagnoles, elles avaient fui le régime franquiste. Elles ne parlaient pas un mot de français et nous pas un mot d'espagnol. Elles étaient chargées d'aider les cuisiniers. On ne mangeait pas toujours très chaud, alors elles avaient proposé de faire deux services. Elles étaient très gentilles, très gaies et passaient beaucoup de temps avec nous.

Elles nous apprenaient des chansons, et même des chants révolutionnaires! Tout cela en espagnol! On retenait quelques paroles mais surtout la musique.

Les surveillants ne disaient rien, peut-être parce qu'ils ne comprenaient pas. Je ne me souviens pas des prénoms de ces jeunes filles. L'une d'elles était coiffeuse, l'autre travaillait avec ses parents.

Elles apprenaient le français avec nous, elles nous aidaient moralement et aussi à résoudre quelques problèmes. Les plus âgées d'entre nous devaient, *chaque mois faire face aux difficultés rencontrées par toutes les femmes et là c'était un vrai casse-tête. Ces filles sont intervenues auprès de la directrice pour que nous puissions disposer du minimum indispensable pour faire face à ces moments difficiles. La petite rivière à côté nous a rendu bien des services, mais que de rhumes, d'angines.*

Heureusement nous avions une infirmière pour distribuer des cachets et un Médecin passait à la demande de la direction.

La présence de ces deux jeunes filles a contribué à rendre notre séjour moins pénible, elles faisaient de gros progrès en français, elles étaient nos grandes sœurs. C'était amusant ce qu'il fallait trouver pour pouvoir communiquer; nous jouions aux cartes (des cartes espagnoles) et les journées passaient plus vite.

Il est vrai que nous n'étions pas toutes dociles, il y avait des pleurs et quelques révoltées. Nous avions fait une chanson.

Oh « Pussou » de malheur!
On est comme des voleurs!
On est embrigadées!
Comme des vaches enragées!

Etc.... C'était notre chanson révolutionnaire!

Le retour à la maison

U*n jour, la Directrice m'a demandé d'accompagner les jeunes filles espagnoles, au village, afin de leur acheter des sabots.*

J'en avais assez de cette vie, il m'arrivait d'avoir envie de me sauver, je n'étais pas la seule. Alors, sachant que j'allais pouvoir sortir, j'ai préparé une lettre pour Maman en lui expliquant nos conditions de vie et je l'ai postée.

Quelques jours plus tard, j'étais convoquée au bureau, j'avais une lettre de Maman et bien sûr comme elle avait été ouverte, j'ai subi un interrogatoire en règle, j'avais trompé leur confiance! La lettre, ça a fait une vraie révolution, nous avons eu droit à un beau discours. Tout de même je n'ai pas été enfermée au « cachot », ce n'était que des paroles. Pour moi, le principal c'était que Maman allait venir. Elle avait organisé le voyage avec nos amis. Ils étaient commerçants, leur nièce et une de ses amies étaient avec moi.

Ils ont prêté une vieille voiture et le concours d'un de leurs vendeurs pour faire le voyage. Maman est arrivée avec les papiers nécessaires, elle avait été voir le Maire pour pouvoir me faire quitter le « Pussou ». Il connaissait la situation, il n'a fait aucun problème. Ensuite Maman est venue voir la Directrice et lui a expliqué pourquoi nous partions. Après cela, bien sûr il a fallu quitter les copines, les filles espagnoles; ensemble, nous avions passé tant de moments difficiles. Il y a eu des pleurs, des embrassades, elles restaient et nous, nous repartions chez nous. J'ai laissé aussi Ida, pauvre petite elle était bouleversée de me voir partir, mais je ne pouvais pas l'emporter avec moi, j'avais le cœur lourd, nous ne nous sommes jamais revues. Le retour a été laborieux, nous avons eu la pluie presque tout le temps. Les essuie-glaces étaient cassés, à tour de rôle, nous passions à la place avant pour les actionner à la main. Qu'importe, on rentrait.

C'est drôle, je ne me souviens plus du tout de ce jour du retour à la maison.

Pourquoi ce moment que j'espérais tant, s'est-il « évaporé » de ma mémoire?

Puis, Maman est repartie chercher mon plus jeune frère, l'aîné était déjà rentré pour passer le brevet.

Nous avons repris le chemin de l'école. Ensuite, rapidement, le retour de ceux que nous avions laissés en Normandie a pu se faire. Il y avait eu beaucoup de plaintes des familles.

La situation devenait de plus en plus alarmante. Mon plus jeune frère est passé en cours complémentaire et moi, avec les autres filles de ma classe, nous avons passé le certificat d'étude à l'école Paul Doumer d'Aubervilliers. J'ai été reçue avec la mention « bien ». Compte tenu des circonstances, il n'y a pas eu de fête pour ce succès!

Papa, toujours mobilisé n'était pas souvent là et nous ne savions pas toujours où il se trouvait.

Pécuniairement, les choses ne s'arrangeaient pas non plus.

Pourtant, nos parents avaient réussi à améliorer nos conditions de vie. Nous avions comme on disait à l'époque, une TSF.

Au sujet de l'achat de cette TSF, Papa nous avait fait croire qu'il s'agissait d'un « piano à queue », la surprise a été grande, nous étions ravis, un vrai plaisir, tellement nouveau pour nous !

Bien sûr aujourd'hui notre émoi peut paraître disproportionné par rapport au modernisme dans lequel nous vivons.

Maman avait une machines à coudre et d'autres choses utiles, mais nous ne connaissions pas notre avenir.

Les mauvaises nouvelles arrivaient, nous suivions la progression des Allemands.

Il y avait beaucoup d'incertitudes, de craintes, nous écoutions sans cesse la TSF.

Les adultes essayaient de nous expliquer, mais que savaient-ils? Nous comprenions que c'était très grave. Cette guerre qui arrivait, allait bien mériter son nom de « guerre mondiale ».

On a appelé cette période « la drôle de guerre ».

L'année 1940, l'exode

*O*n nous parlait des nombreux pays entraînés dans cette confrontation, de l'immensité des fronts, des combats en Europe, Asie, Afrique. La plupart de ces affrontements se passaient très loin de nous

On nous parlait aussi des raids répétés de l'aviation, causant des pertes massives dans les populations civiles.

Plus près, en France les Allemands avançaient vite, trop vite, nos soldats ne pouvaient pas les arrêter, ils avançaient toujours, sur tous les fronts. Après la Belgique, ils ont gagné en quelques semaines la bataille de France.

En juin, l'Italie nous déclara la guerre.

Nous avons pensé (comme beaucoup d'autres) qu'il fallait partir avant l'arrivée des troupes « germano-italiennes » et qu'en quittant Paris pour la province, nous serions plus à l'abri des bombardements et des exactions des envahisseurs.

Le départ

Il fallait faire vite. Nous nous sommes mis d'accord avec nos amis commerçants pour fuir ensemble avec leur voiture et le grand camion avec lequel ils faisaient les marchés. Avant de partir, ils sont allés chercher leur famille qui était à Villeparisis et nous nous sommes regroupés. Cela faisait beaucoup de monde: chez eux quatre, chez nous quatre, chez les « Villeparisis », huit dont trois enfants très jeunes!

Maman était enceinte de quatre mois, nous étions au mois de Mai. Il fallait quitter notre maison en emportant... pas grand-chose! Maman a pris ce qui était vraiment utile, mais tout de même sa ménagère en argent! Il fallait des ustensiles de cuisine, pour cela, ensemble les femmes ont réfléchi.

Elles ont décidé ce qui serait nécessaire pendant le voyage pour cuisiner. Elles ont pris également du linge, des couvertures, des conserves et pour dormir des matelas.

Le camion et la voiture ont été vite remplis, je revois encore Maman fermer la porte de la maison laissant derrière nous ce qu'ils avaient eu beaucoup de mal à obtenir en faisant tant de sacrifices!

Nous n'avions aucune nouvelle de Papa. Nous pleurions, nous ne savions pas même pas où nous allions ni si nous pourrions revenir et retrouver notre maison. C'étaient des moments, très, très, difficiles.

Nos voisins (le Comte) et son ami ne quittaient pas Paris. Ils nous ont souhaité bonne chance et ont dit à Maman, qu'ils garderaient la maison jusqu'à notre retour. C'était gentil, mais tellement incertain! Jamais je n'ai pu oublier ces moments.

L'exode, sur la route

Nous les jeunes, nous étions dans le camion. Pour la route, c'était le frère de nos amis qui conduisait. L'un de ses fils ou mon frère aîné était devant, avec lui pour indiquer la route qu'il fallait prendre. Dans la voiture il y avait nos amis, mais c'était souvent leur fils, Robert, qui conduisait. Je ne sais pas s'il avait son permis de conduire, mais son père ne conduisait pas, il était malade du cœur. Enfin, permis ou pas, il conduisait très bien. Il y avait aussi Maman, la belle-sœur de nos amis et les deux plus jeunes enfants. De temps en temps, notre amie remplaçait son frère à la conduite du camion. Nous ne savions pas exactement où nous allions….vers le sud. Beaucoup de monde quittait Paris et banlieues, nous avions de grosses difficultés pour nous procurer de l'essence. Les ennuis ont commencé avec cette concentration de gens et de véhicules qui fuyaient. Il y avait des embouteillages partout. Le premier jour, nous sommes allés jusqu'à « Angerville » dans l'Essonne. Parmi les problèmes importants à gérer, à l'aller comme plus tard au *retour, c'était qu'il fallait manger et dormir. Ce n'était pas une mince affaire, nous étions seize personnes. Ce soir-là, l'hébergement a été, une caserne. Il y avait beaucoup de soldats, ils attendaient pour partir eux aussi!*

Ils nous ont donné à manger et nous ont aidés à trouver une place pour dormir.

Le matin au petit déjeuner ils ont fait chauffer le lait des enfants et surtout, pour reprendre la route, ils nous ont donné de l'essence.

Nous venions de passer notre première nuit à la dure. Merci à ces soldats qui ont essayé de nous aider avec des paroles réconfortantes, ils savaient bien sûr que nous allions au-devant de beaucoup de difficultés.

Nous sommes repartis, à vitesse réduite, avec beaucoup d'arrêts.

Nous faisions partie des chanceux comparativement à toutes ces personnes qui comme nous fuyaient l'avancée des Allemands, mais beaucoup le faisaient à pied. Ils s'étaient munis de carrioles, de voitures à bras, de poussettes, de brouettes, de vélos.

Enfin, de tout ce qu'ils avaient pu trouver pour transporter leurs pauvres affaires. Il y avait des vieux, des jeunes, des malades, des infirmes et tout ce monde avançait comme il pouvait, quelle pagaille! Il faut avoir vécu ces moments-là pour pouvoir en prendre conscience; quel désastre! Le moral était très bas.

Nous étions déjà beaucoup dans notre « convoi », mais tout le long de la route nous avons pris des personnes pour les « avancer » de quelques kilomètres. Périodiquement, il y avait des bombardements, des mitraillages. On essayait de quitter les grandes routes, mais il y avait du monde partout.

Il fallait se ravitailler en essence, en nourriture, seize personnes ce n'était pas facile. Lorsque l'on arrivait dans un endroit où il y avait du pain, on s'arrêtait et comme il y avait beaucoup de monde, on faisait la queue pour obtenir ne serait-ce qu'un morceau de pain. Maman restait à la voiture, elle profitait de l'arrêt pour faire du rangement.

Ensuite, nous repartions pour trouver un emplacement pour manger, un bout de pain! Des sardines en boite! Nous ne nous attardions pas, il nous fallait trouver avant la nuit un endroit pour dormir. Nous roulions si doucement, elles étaient longues ces journées dans ce camion découvert. Il faisait beau, mais il faisait chaud.

Merci à nos chauffeurs, ils devaient se frayer un passage parmi toutes ces voitures. Il y avait des soldats partout, sur toutes les routes. Cette situation attirait les avions qui nous mitraillaient.

Il n'était pas facile de quitter rapidement le camion et de trouver une protection. Il fallait compter sur la chance, c'était épuisant. Maman avait très peur, elle trébuchait, elle est souvent tombée; ses genoux en portaient la trace.

On se dépêchait d'aller la relever, elle ne se plaignait jamais.

La situation en France

*L*es nouvelles nous parvenaient au hasard de nos arrêts. Lorsque nous arrivions dans un petit pays, nous allions aux renseignements.

Le 10 mai, la bataille de France était perdue.

Nous avions un nouveau gouvernement formé par le Maréchal Pétain, qui sollicitera des Allemands l'armistice et l'obtiendra le 22 juin 1940.

Mais le général De Gaulle, de Londres, lancera « l'appel aux Français » pour opposer une résistance à nos agresseurs.

On nous a dit qu'il y avait déjà des résistants. Nous apprenons toutes ces nouvelles dans l'ordre ou dans le désordre et nous continuons notre route.

En juillet 1940, les Allemands ont lancé la grande offensive contre l'Angleterre, heureusement elle échouera.

Les étapes dans les fermes

*U*n soir, nous avons quitté la route principale pour nous enfoncer dans la campagne *afin de trouver un endroit pour manger et dormir. Il nous fallait voir le maire ou un paysan, car tout le long de notre « fuite », nous ne trouvions que des granges. Avec l'accord d'un paysan, nous nous sommes installés dans sa grange, il nous a apporté aussi son aide pour « emménager », ce qui était tout un travail, merci aux femmes, c'étaient-elles qui s'occupaient aussi de faire le nécessaire pour que tous aient à manger. Dans un endroit comme cela, on pouvait manger mieux, avec des conserves, mais on pouvait manger chaud. Imaginez seize personnes, chacun faisait ce qu'il savait faire ou ce qu'il pouvait. Ce soir-là, nous étions couchés lorsque les avions sont passés pour bombarder la ville voisine.*

Nous ne pouvions rien faire qu'attendre la peur au ventre. Au matin, le maire est venu nous dire de partir. Les Allemands arrivaient. Une bombe était tombée pas très loin de notre grange.

Nous nous sommes regardés et nous avons repris la route.

Nous aurions pu chanter «... sur la route qui va, qui va et qui ne finit pas... » Cette route était pleine d'incertitudes, où allions nous? Après les bombardements, les gros problèmes pour manger, dormir, trouver de l'essence continuaient. On se débrouillait, on avançait, on vivait le jour présent.

Un soir, nous sommes arrivés dans un petit coin, en pleine campagne, nous avons demandé à un paysan où nous pourrions trouver une grange pour passer la nuit, tout de suite il nous a proposé la sienne à côté de sa maison. Je me souviens, dans cette grange, il y avait du foin fraîchement coupé, c'était entêtant.

Il a voulu que nous allions voir sa femme et ses enfants, il nous plaignait d'avoir dû quitter notre maison. Il était très au courant de la situation, nous avons écouté avec lui les informations à la TSF, elles n'étaient pas rassurantes.

Nous avons partagé ce que nous avions, eux et nous, pour le repas du soir. Nous étions soit dehors, soit dedans, assis par terre pour avaler le « casse-croûte ». Ils étaient contents de bavarder avec nous, je dis « nous », bien sûr de notre côté, c'étaient les parents qui parlaient. Le monsieur avait fait une chanson « Faut tout laisser »!!!

Après cela, nous sommes allés nous coucher.

Quelques heures après, encore une fois le maire est venu nous dire que les Allemands arrivaient et que nous devrions partir.

C'est ce que nous avons fait, les braves gens chez qui nous étions ont fait de même. Ils ont attelé leur cheval, chargé leur chariot, accroché leur vache à l'arrière, ouvert les cages des poules et des lapins, vidé leur réserve de graines sur le sol.

Quelle tristesse, ils n'avaient rien d'autre, nos parents leur ont donné un peu d'argent, ils se sont souhaités bonne chance et tout le monde est parti, chacun de son côté, où? C'était un moment très difficile, très pénible. Nous avons poussé un peu plus loin, vers le sud, toujours en cherchant essence et ravitaillement. Il fallait arriver au bon moment, il y avait beaucoup de monde sur les routes à la recherche du nécessaire pour poursuivre, pour survivre.

Très souvent, nous ne trouvions rien, alors les parts étaient très petites. Certaines personnes ou commerçants profitaient de la situation pour faire payer fort cher ce qu'ils avaient à vendre.

On a même voulu nous vendre l'eau du robinet!

Après avoir cherché à se ravitailler on quittait rapidement les agglomérations, craignant les bombardements. Tous les jours c'étaient les mêmes problèmes.

La peur sur la route

Un jour nous avons vu arriver les avions.

Nous avons quitté la route, filant vers un bois pour nous cacher. Nous ne ressemblions pas à une colonne de militaires, avec notre voiture et le camion. Pourtant, les avions sont arrivés, des Italiens et ils nous ont mitraillés.

Nous nous sommes mis à l'abri sous le camion, mais tous n'avaient pas eu le temps. Par chance nous n'avons eu aucun blessé. Les aviateurs avaient sans doute vu que nous n'étions que des civils. Ils n'ont pas entendu non plus les insultes, les « noms-d'oiseaux » qui leur étaient destinés, ils étaient déjà bien loin, continuant leur sale besogne, sans doute sans état d'âme. Et nous avons repris la route, c'était de plus en plus difficile de trouver chaque soir un endroit pour s'arrêter. Il fallait avoir beaucoup de chance pour pouvoir disposer d'une grange pour manger et dormir.

L'entente dans le groupe était toujours bonne, il y avait bien sur quelques accrochages avec surtout les deux aînés du frère de notre amie. Ils avaient très peur des bombardements, ça parait naturel! Nous aussi on avait peur: Alors, sauve-qui-peut, ils ne s'occupaient de personne, si ce n'est d'eux-mêmes.

Dès que des avions étaient signalés, les garçons nous faisaient descendre au plus vite pour nous cacher.

La traversée de la Loire

Nous n'avions presque plus d'essence quand nous sommes arrivés en Indre et Loire, à Amboise.

Là, impossible de passer le pont, il y avait un monde fou, beaucoup de soldats, la débâcle.

Ils distribuaient gratuitement du carburant, le pont allait sauter incessamment.

Les garçons sont partis en ville chercher l'essence qui nous manquait. Paul avait trouvé un vieux bidon sans bouchon et il l'a porté sur l'épaule, des gouttes se sont infiltrées dans son oreille, il en a beaucoup souffert, malgré les premiers soins.

Enfin, sur le pont, les voitures de nouveau approvisionnées, ont commencé à avancer.

Le bombardement sur la route

Enfin nous avions traversé la Loire! Pas beaucoup plus loin, nous étions dans le camion quand nous avons vu arriver les avions, droit sur nous. Ce fut la panique....La peur dit-on donne des ailes! C'est vrai!

J'entends encore les voix des garçons nous crier de sauter. J'ai sauté, mais je ne suis pas arrivée brutalement au sol. Des bras étaient là, qui m'avaient attrapée et plaquée au sol. C'était un soldat, il me disait de ne pas avoir peur et que lorsqu'on entend le sifflement des projectiles, c'est que ce n'est pas pour nous!

Moi, je lui disais que je voulais savoir où étaient mes frères, ma mère. Il m'affirmait que je ne pouvais rien faire pour eux et qu'ils avaient sans doute trouvé un endroit pour se cacher.

Puis les avions sont revenus, ou d'autres, pour encore nous mitrailler. Le soldat m'a fait traverser la route, pour aller de l'autre côté où il y avait des maisons pour nous mettre en sécurité derrière les murs, puis à l'intérieur. L'alerte finie, il m'a *embrassée sur les lèvres, souhaité bonne chance et il est parti! Je ne me rappelle pas du tout son visage!*

Après le passage des avions, je pleurais auprès de ces gens que je ne connaissais même pas. Nous sommes sortis de la maison et j'ai cherché où se trouvaient les voitures. J'ai essayé de retrouver mes frères, ma mère et, mes compagnons de route.

Nous nous sommes retrouvés, tous indemnes que de pleurs, d'embrassades, nous étions tous vivants. Pour d'autres familles, des morts et des blessés, il y en avait! Jeanne et sa cousine Carole avaient aussi été aidées par des soldats au moment où elles avaient sauté du camion. Maman, était tombée, sans grand mal, les soldats l'avaient aidée à quitter la voiture au plus vite. C'était affolant, tous ces gens qui se cherchaient ou qui essayaient de quitter cet endroit. Et puis, je ne voulais pas remonter dans le camion, je voulais marcher, estimant pouvoir comme ça échapper plus facilement aux attaques aériennes.

Ah! Je n'étais pas la seule, nous avions tous, tellement eu peur en voyant ces avions, volant très bas, arriver sur nous.

Je ne peux les oublier. Même encore, aujourd'hui, je revis cette journée et je pense à tous ces gens qui vivent encore actuellement les mêmes attaques dans ces pays politiquement instables.

Nous avons repris la route et avons roulé jusqu'à la nuit. Nous sommes arrivés dans un petit village, un lieu-dit « La Villonnière » dans le sud du département de l'Indre, pas très loin d'Argenton-sur- Creuse, très tranquille.

L'armistice obtenu par le Maréchal Pétain était en place, la France était coupée en deux: La zone occupée et la zone libre. La Loire matérialisait cette ligne.

Les réfugiés

Les parents ont cherché quelqu'un qui pourrait nous indiquer où passer la nuit; des gens sont venus nous voir et nous ont proposé un endroit, qui était grand et propre, mais qui avait été dans le passé une soue à cochons!!

Eh bien, nous avons pris la place des cochons et nous sommes restés là jusqu'au jour de notre retour sur Paris. Nous étions en zone libre. Pour se ravitailler, ce n'était pas très difficile. Il fallait payer, même le persil, ce que les parents ont refusé de faire. Sur une hauteur, il y avait un petit château et une dame était venue nous dire que nous pouvions aller voir le châtelain, qui, s'il le pouvait, nous aiderait. Un jour, Carole et moi, nous y sommes allées, escaladant la colline. Le châtelain est venu vers nous, c'était un monsieur très âgé, très aimable. Il a demandé à une dame, sans doute la gouvernante de nous donner: des légumes, des fruits et des œufs. Il a bavardé un peu avec nous, nous ne l'avons jamais revu, nous l'avons aperçu de *loin, quelques fois, quand nous remontions au château.*

Un jour nous avons eu très peur, une bande d'oies nous a poursuivies en faisant grand bruit. Nous avons pu ouvrir une barrière pour nous réfugier derrière, elles étaient très agressives. Nous avons attendu qu'elles veuillent bien poursuivre leur chemin.

Les journées passaient très lentement, nous les jeunes, nous visitions les alentours, mais en craignant toujours l'arrivée d'avions!

Mais nous étions moins fatigués, moins stressés que pendant notre voyage sur les routes, fuyant les dangers, toujours plus loin.

Dans le village il y avait d'autres jeunes femmes qui elles aussi avaient quitté leur maison et s'étaient réfugiées là.

Elles venaient quelques fois discuter avec nous. Leurs maris étaient soldats. Elles avaient eu la chance de pouvoir se loger dans une maison.

Un jour est arrivé le fils des paysans chez qui nous nous ravitaillions, il était habillé en soldat et il est venu nous voir. Puis, devant nous (je vais rester polie) fort en colère, il a « attrapé » ses parents pour ne pas avoir accueilli Maman à la ferme, vu qu'elle était enceinte. Il disait qu'il y avait de la place et que Maman n'aurait jamais dû coucher sur la paille, il voulait qu'elle vienne à la ferme mais Maman n'a pas voulu quitter les siens. Il a essayé d'améliorer notre confort.

Nous les jeunes, nous avions trouvé un arbre curieux, je ne sais plus son nom, mais la nuit l'écorce brillait. C'était nouveau pour nous. Nous en avons mis partout dans notre soue, où nous couchions. C'était joli, mais ça ne donnait pas de lumière, ça brillait!

Je me souviens du chien, il faisait partie de la famille, il était très gentil et nous connaissait bien tous. Il était comme nous, il avait faim et attendait impatiemment les restes et les os que nous lui donnions.

Un jour, à midi, nous avions mangé de la viande, je crois me souvenir que c'était du poulet, en tous cas il y avait des os; je suis allée vers lui pour mettre les restes dans sa gamelle. Il a peut-être pensé qu'au contraire je voulais les lui prendre et il m'a sauté au visage. Je saignais beaucoup, Maman criait: « Ses yeux! Ses yeux! » Mais par chance, il ne m'avait pas mordu, ce sont ses pattes qui m'avaient griffé au-dessus du nez, le nez et la bouche. Un peu « à la va vite », Roger a pris la voiture et avec Maman, nous sommes allés à la pharmacie du village voisin (sans doute Parnac).

Je n'ai pas eu de piqûre antitétanique, les plaies ont juste été nettoyées, chaque jour.

Maman refaisait le pansement après avoir nettoyé avec de «l'eau d'Alibourg» (cette eau existe toujours), il n'y a pas eu de complication. Je n'ai pas refait ami avec ce chien, il le sentait car je le fuyais.

Mais lui me suivait, il voulait peut-être se faire pardonner? (je ne le crois pas).

Depuis notre arrivée dans ce village, nous reconstituions notre stock d'essence, nous en avions assez à présent pour retourner à Aubervilliers.

Comme la situation à Paris semblait stabilisée, nous avons décidé de rentrer. Nous étions impatients de revenir à la maison. Bien sûr, nous savions que les Allemands, maintenant étaient comme chez eux, chez nous. En gardant beaucoup de souvenirs de « La Villonnière », de ses habitants et de la soue aux cochons, nous avons un jour, repris la route en sens inverse.

Le retour

*L*a route du retour n'était pas simple à suivre, il y avait toujours beaucoup de gens souhaitant rentrer, bien que ne sachant pas ce que l'avenir leur réservait. Puis nous sommes passés en zone occupée, pour la première fois, on voyait des Allemands. Il a fallu justifier de l'endroit où nous habitions pour pouvoir passer la Loire. C'était humiliant, nous étions en France, chez nous! Enfin, plus tout à fait!

Cette rencontre ne nous a pas laissé un bon souvenir, par la suite, cela ne s'est pas du tout amélioré.

Enfin, nous sommes arrivés à Aubervilliers, chacun a retrouvé son logement, les trois jeunes de Villeparisis ne pouvant encore aller chez eux ont couché chez nous « passage de l'Avenir ».

Notre maison était là, intacte, quel réconfort. Les voisins, le Comte et son ami étaient très contents de nous revoir. Puis nous avons eu rapidement des nouvelles de Papa. Les voisins l'avait vu, il avait laissé pour nous un mot à la maison. Ces nouvelles n'étaient pas très fraîches mais c'était mieux que rien, c'était quand même réconfortant.

La vie a repris doucement, nous retrouvions nos affaires. Nous avons cherché, en faisant quelques démarches où était Papa pour lui faire savoir que nous étions à la maison.

Quelques jours ont passés, nous étions à nouveau tous les cinq à la maison. Enfin, pas tout le temps, Papa était toujours à la disposition de « la Poste ». Il était le plus souvent possible à la maison, quand il n'était pas obligé de partir au loin. Les problèmes de « ravitaillement » ont continué, le mauvais temps arrivait avec l'hiver.

Les « tickets de rationnement » ont été mis en place pour la viande, le pain, le beurre, enfin pour tout ce qui se mangeait et aussi pour les vêtements, les chaussures, etc. Il fallait faire d'interminables queues devant les boutiques vides, attendre une livraison éventuelle qui permettrait de servir les premiers de la file. On se relayait pour ne pas perdre sa place.

L'hiver 1940

L'hiver était très froid, il gelait, il neigeait et il fallait quand même se lever très tôt, à cinq ou six heures pour aller prendre place dans les files d'attente. Quelque fois nous n'avions rien à ramener à la maison ou très peu et nous avions faim. Papa était toujours « réquisitionné de réserve » comme on disait à cette période, la paye n'était plus la même et toujours aucune aide de l'état.

Il nous semblait que nous n'avions plus d'avenir.

Mon frère aîné ne voulait pas retourner à l'école et avec mon plus jeune frère, nous n'y sommes plus jamais retournés.

Le premier travail de mon grand frère

Il voulait travailler, alors Papa était entré en contact avec une relation avec qui il buvait parfois un café dans un bar de l'avenue Mac Mahon, quand il portait ou prenait du courrier près de cet endroit. Cet ami était très bien avec le patron.

Il lui a parlé de mon frère. Ensuite, on lui a demandé de venir faire un essai qui a été concluant. Et voilà, il était garçon de café. Il faisait bien son travail, il plaisait à la clientèle. Il gagnait, (avec les pourboires), très bien sa vie, tout le temps debout. Il ne rentrait jamais avant 22h30, parfois 23h.

Il commençait le matin vers 9 ou 10h, le « lever » était difficile. Cela me fait penser au travail de mon fils dans la restauration. Pourtant, sous le réveil, chaque jour, il mettait pour moi un petit billet. Merci, connaissant ma « garde-robe », il m'avait aussi acheté: une robe, un manteau, il me gâtait.

Il me revient en mémoire qu'un soir, très tard, il avait raté le dernier métro. Il était accompagné d'une amie, danseuse, la sœur de la femme du comédien Jean Richard et tous deux, avaient passé la nuit au poste de police en raison du couvre-feu.

La naissance du bébé

J'étais seule avec mon plus jeune frère à la maison quand Maman, enceinte, a ressenti les premières douleurs, alors, nous avons décidé de chauffer la chambre où elle devait accoucher et dans laquelle il y avait une « salamandre », un chauffage à feu continu. Mais nous n'avions pas de charbon! Une amie, dont le mari travaillait aux chemins de fer m'avait dit de venir chercher un sac *de « coke ». C'est ce que nous avons fait et au passage nous avons prévenu la sage-femme, qui est venue tout de suite. Nous sommes arrivés, Jérôme et moi avec ce « coke » et il nous a fallu casser du petit bois pour allumer le feu.*

Il fallait beaucoup de petit bois, l'allumage s'est révélé difficile, le « tirage » avait du mal à se faire, ça fumait beaucoup. Il a fallu ouvrir un peu la fenêtre, nous étions en novembre et il faisait très froid.

Nous avons utilisé beaucoup de bois et enfin, le feu a bien pris sur le charbon, ça chauffait!

Maman était très calme, elle avait l'expérience, elle nous remontait le moral. La sage-femme, très gentille, célibataire, de religion protestante, nous la connaissions bien et elle comprenait que nous étions très inquiets. Alors, c'était très long d'attendre, nous sommes redescendus à la cave, casser du bois, en attendant la venue du bébé, en pensant à Maman. Et puis, on a entendu des pleurs du bébé, alors nous sommes remontés. La sage-femme nous a dit de patienter un peu et que nous avions une petite sœur. Maman était fatiguée, mais tout était normal.

Un peu plus tard, c'est avec grand plaisir que Jérôme, pour la première fois a reçu dans ses bras notre petite sœur. Très vite est venu mon tour. Nous étions si contents, d'avoir une si jolie petite sœur. Puis Maman a eu elle aussi le plaisir de prendre sa petite fille dans ses bras. Plus tard! Nous avons annoncé à Papa la bonne nouvelle, il a été soulagé que tout ce soit bien passé. Le soir, après son travail, mon frère aîné a découvert sa nouvelle petite sœur.

Nous l'avons appelée « Sophie ». Pour les biberons, pas de problème, Maman allait allaiter le bébé avec quelques souffrances dues à un problème de crevasses aux seins. La sage-femme est passée matin et soir pendant quelques jours pour voir comment je me débrouillais. Maman était fatiguée, elle devait garder le lit. L'hiver était terriblement froid, gel, glace et nous avions le problème d'alimenter nos deux feux, cuisinière et salamandre. Voilà, c'était notre petite sœur et toujours elle le restera, il y a pas mal d'écart entre son âge et le nôtre. Après ça, il a fallu remettre de l'ordre dans la maison et faire le lavage du linge utilisé pour l'accouchement. Heureusement, Papa était là, je me souviens de cette eau froide dans ce grand baquet sur la terrasse où nous avons rincé tous les deux tout ce linge. Maman avait quelques craintes avec ses trois enfants et ce nouveau bébé, mais pour nous, malgré la situation difficiles, nous y étions préparés à cette arrivée, elle était si petite, si fragile que nous ne pouvions que l'aimer.

Maman se remettait lentement de son accouchement, elle se levait un peu, il est vrai qu'elle avait eu une grossesse mouvementée et une nourriture trop pauvre.

L'occupation

Mon plus jeune frère avait trouvé un travail en usine, c'était provisoire. Mais c'était très dur et en plus il avait toujours faim, à 15 ans, quoi de plus normal! On continuait à se ravitailler comme on pouvait.

La vie de guerre

C'était difficile, heureusement Maman pouvait de nouveau être présente, pour moi c'était un soulagement j'avais beaucoup à faire surtout pour le lavage qui était une véritable corvée.

Mes frères, il leur fallait presque tous les jours : pour l'un, chemise et col blanc, pour l'autre, un change complet car il se salissait beaucoup, le pauvre, ses conditions de travail était très dures. Il fallait laver les « bleus » et aussi le linge de Papa, le nôtre, les couches, les langes, enfin tout ce qu'il faut à un bébé. Ces lessives, nous les faisions sur une planche à laver trempant dans un grand baquet. Il fallait aussi faire bouillir le « blanc » dans une lessiveuse. Il *fallait aussi faire sécher tout ce linge, heureusement il y avait des fils dans le garage et dans la cuisine pour l'étendre. Restait le problème du charbon, introuvable ou trop cher. En face, sur le boulevard, se trouvait un entrepôt, le charbon, arrivait par péniches sur le canal. C'était à deux pas de chez nous, on avait froid et la proximité de ce charbon était pour nous, une insulte.*

Avec quelques copains, nous avions soulevé un coin du grillage, côté canal et pendant que d'autres faisaient le « guet », nous on se servait. Dans notre esprit, ce n'était pas du vol, on ne prenait que ce qui était nécessaire pour se chauffer un peu.

Le patron du chantier n'habitait pas là, je pense qu'il ne s'est aperçu de rien ou fait semblant de ne rien voir. Sur le quai les ouvriers déchargeaient les péniches de ce charbon à l'aide de grues.

Lorsque nous étions là, ils provoquaient des secousses et une partie du chargement de la benne tombait à terre, pour notre bénéfice, nous le ramassions.

Dans cette période de l'occupation allemande, les hivers étaient très rigoureux. Je me souviens, pour ouvrir la fenêtre de la cuisine, il fallait employer un burin et un marteau pour casser la glace. Parfois la cuisinière s'éteignait, on essayait de garder de la chaleur pour le bébé, dans la chambre, avec la salamandre. Nous étions mal couverts et mal nourris.

Pourtant Maman faisait des « miracles » avec le peu que nous avions pour manger.

Le ravitaillement

Aux beaux jours, mon jeune frère a décidé de partir au ravitaillement à la campagne, avec un ami, Félix, qui faisait partie de notre bande de copains. Il était espagnol de naissance, ses parents avaient fui le régime franquiste.

Avec chacun un vélo, ils partaient le matin et allaient dans des fermes, pas trop loin, leurs vélos n'étaient pas de première jeunesse. Mais ces fermes étaient très visitées, beaucoup d'amateurs pour peu de victuailles. Alors pour aller plus loin, ils ont pris le train, avec leurs vélos. C'était très fatigant surtout après leur semaine de travail. Un jour le pneu avant du vélo de mon frère Jérome a éclaté et il est passé par-dessus le guidon.

J'ai pleuré lorsque j'ai vu son visage ; quelques temps après ils ont recommencé, toujours en quête de nourriture. Le rationnement nous rendait la vie très difficile, pour le pain, il y en avait si peu !

Heureusement, notre boulangère de la rue du Moutier, de temps en temps nous en donnait même si nous n'avions plus de ticket, elle devait aussi le faire pour d'autres !

Elle ne connaissait que nous les jeunes, elle ne nous demandait que le prix du pain.

Nous n'avions que des mercis à lui dire en échange de ce qu'elle faisait, après la guerre elle a quitté Aubervilliers. Nous ne l'avons jamais oubliée.

Peur sur la ville

*E*n *1941, mes frères ont eu 18 ans et 16 ans, moi 15 ans, notre petite sœur 1 an. C'était, en permanence la peur des bombardements alliés. Ils visaient les voies ferrées et l'aéroport du Bourget à quelques kilomètres.*

Mais les aviateurs, de là-haut, lâchaient leurs bombes « au mieux », et il en tombait un peu partout, au hasard. Nous craignions la présence d'un poste de DCA allemand (défense contre avions), installé au pont du Landy, en bas le long du canal. Il y avait aussi un canon, pas très gros parait-il, mais un peu trop près de chez nous à notre goût. Nous ne nous sentions pas en sécurité. En face de chez nous, à l'usine, le responsable, Monsieur Morin, avait fait construire un abri dans une fosse de visite pour les machines. Nous y allions à l'occasion des alertes aériennes, Maman et moi, avec Sophie. Les garçons ne voulaient pas bouger.

Maman était terrible, elle sentait le danger avant qu'il arrive. De jour comme de nuit, elle nous disait: "ne vous déshabillez pas il va y avoir une alerte!" Nous craignions les avions américains qui lâchaient leurs bombes au plus vite et pour échapper à la DCA, ils passaient très haut. Les Anglais, eux, descendaient beaucoup plus bas pour mieux viser leurs objectifs réels. Je ne sais pas si, c'est vrai! La nuit ou le jour, nous n'avions pas toujours le temps de bouger, alors il fallait subir, craindre une mauvaise chance. A ce moment-là, Papa était toujours mobilisé, mais comme père de famille nombreuse, il était affecté pas trop loin, dans l'intendance, il rentrait tous les soirs, ou presque.

Un jour mon frère aîné a reçu une convocation pour le « STO » (Service du Travail Obligatoire), il devait se présenter aux autorités pour partir en Allemagne. Je le revois encore déchirer le papier et le mettre au feu en disant: "Je vais partir mais pour rejoindre un groupe de résistants!"

Maman lui a dit: « Ils vont prendre aussi ton frère! » « Eh bien! », Répondit-il: « il viendra avec moi! » En effet peu de temps après, Patrice est parti, en Haute-Marne, se cacher.

Georges un maquignon, le père de Josette, une petite cousine de Maman, aimait beaucoup Papa. Quelques fois, le dimanche, il faisait les marchés, alors il prenait mon grand frère Patrice avec lui pour vendre des poulets ou d'autres choses! Il connaissait notre situation et essayait de cette façon de nous aider.

Papa avait la charge, pas tout seul bien sûr, de trouver de la viande pour les soldats. Un jour, Georges est parti avec Papa acheter de la viande sur pied en Normandie, il connaissait très bien les agriculteurs de cette région. A Chaumont dans l'Orne, ils avaient été très bien reçus chez des fermiers avec lesquels il se sont par la suite bien entendus. Papa avait parlé de sa famille, ils avaient sympathisé et il était revenu les voir. A cette époque, je travaillais dans la « couture », avec Giselle, la tante d'Irène qui deviendra plus tard l'épouse de mon plus jeune frère Jérôme.

Des années plus tard, au décès de Papa, Georges est venu nous voir à la maison et il a eu un très beau geste envers nous en dépit des protestations de Maman. Pour lui, Papa était un véritable ami et il a eu un grand chagrin.

La vie « made in Normandie »

A la ferme de Chaumont, Madame Dupuis, la Patronne, comme disait Papa, était veuve de la guerre précédente. Elle avait un fils, Edgard qui n'avait pas été mobilisé en tant que responsable de l'exploitation agricole et il y avait Raymonde la petite bonne qui avait mon âge. Elle a demandé à Papa de me faire venir avec ma petite sœur pour les vacances. Nous étions en juillet 1943. En fait « les vacances » ont duré longtemps!

Nous sommes arrivées en voiture avec Papa et dès le premier jour, pour nous qui avions toujours faim à Paris, la surprise a été énorme, de voir ce qu'il y avait à manger sur la table. Ma sœur avait la coqueluche, nous étions tellement minces toutes les deux que le médecin avait été content de nous voir partir à la campagne.

Cette coqueluche était épuisante. Elle vomissait souvent, j'étais en permanence auprès d'elle et inquiète. Avec Edgard, sa mère et Raymonde, tout de suite nous avons été en confiance.

C'était une très grande maison, très belle. Au premier étage avait été préparée notre chambre. C'était celle d'Edgard, il s'en était refait une autre au second étage. A côté de nous était la chambre de Raymonde et plus loin celle de madame Dupuis.

Notre chambre était spacieuse, avec un grand lit. Nous couchions toutes les deux.

Il n'y avait pas de salle de bain, mais il y avait une table de toilette avec une grande cuvette et un broc de faïence. Pour l'été, ça allait, mais pour l'hiver, sans chauffage, pas question de se laver là.

Au rez de chaussée, une très grande pièce servait de cuisine avec une très grande cheminée, une cuisinière et une grande table. A côté, il y avait la souillarde, qui en hiver était une véritable glacière, comme d'ailleurs le reste de la maison pendant cette période. C'était seulement dans la cuisine que l'on trouvait un peu de chaleur. La salle à manger, jamais utilisée, servait surtout à conserver les pommes, on sentait leur odeur dès qu'on y entrait

Il y avait toujours des « hommes de journée » pour prendre leur repas avant ou avec nous.

La Patronne considérait ma sœur comme sa petite fille, elle la gâtait.

Puis, je me suis cassé le poignet en faisant les foins avec les hommes. Je suis tombée de la charrette, près d'une roue. Heureusement le cheval n'a pas reculé, si non ... A la fin de l'été, Edgard et sa mère m'ont dit: « Que vas-tu faire à Paris ? Tu ne peux même pas y travailler ». Alors, nous sommes restées.

Pendant l'épisode de mon poignet cassé, Raymonde m'a beaucoup aidée, car avec mon plâtre de la main au coude, j'étais bien embarrassée pour certains gestes. Il fallait bien que je me débrouille avec la main gauche, j'arrivais même à écrire.

Ma petite sœur, il fallait s'en occuper, elle me suivait partout, tout le monde l'aimait, il n'y avait jamais de problème.

Pour mon bras, une fois déplâtré, j'ai eu besoin de massages, il fallait aller au village, « Le Sap », à quatre kilomètres. Je ne pouvais pas faire de vélo, alors on me mettait sur « Polka », la vieille et gentille jument! Pour revenir, sur cette petite route de campagne, « Polka » prenait son temps et me promenait à son gré, mais elle connaissait très bien le chemin et on finissait toujours par arriver sans encombre. Je n'avais pas peur.

J'ai tout fait dans cette famille: la cuisine, le ménage, la couture, les travaux de la ferme, la lessive que l'on mettait, aux beaux jours, à sécher sur l'herbe du pré quand le temps le permettait.

L'été revenu, j'allais dans les prés avec Raymonde pour traire les vaches, une femme nous aidait dans cette tâche. Ensuite, à la laiterie, on passait le lait pour récupérer la crème et en fin de semaine, on « barattait ». Il s'agissait d'une ancienne baratte en bois qu'il fallait tourner à la main, c'était un peu long et fatiguant. Ensuite, on salait et mettait ce beurre en « forme », en mottes, pour la vente.

Souvent on en donnait un peu à ma sœur qui adorait le malaxer pour en faire une petite boule, décorée comme les grandes par des dessins faits à la cuillère en bois.

Toutes ces opérations, bien sûr, se faisaient dans la laiterie qu'ensuite on nettoyait à fond et à grande eau.

Tous les samedis, sauf Raymonde qui restait à la ferme, nous allions à la ville de « Gacé ». Edgard attelait le cheval à une « carriole » qui était très belle et grande. La patronne, Madame Dupuis et ma sœur allaient à la messe.

Après avoir vendu le beurre, toujours à la même personne qui prenait tout, nous faisions, Edgard et moi, les courses: de la charcuterie, du fromage et une ou deux grosses miches de pain qui duraient toute la semaine.

On rencontrait des « connaissances », on déjeunait dans un bistrot.

On rentrait tard et ma sœur s'endormait en route, sur mes genoux.

A l'arrivée, je lui donnais à souper puis la couchais, on faisait un câlin et dodo, mais souvent, je la

*retrouvais, pieds-nus, sur le palier. Elle m'appelait
« Zackie! » « Zackie! ». Alors je montais me coucher
et dans mes bras, elle s'endormait!*

*Madame Dupuis faisait boire du lait à ma sœur:
« très bon pour la santé! » disait-elle. Ce lait, encore
tiède après la traite, bu à même le couvercle du
bidon lui avait donné une éruption de boutons dans
la bouche, « le Muguet », peut être la fièvre
aphteuse, comme disaient certains ! Je lui nettoyais
la bouche avec un produit adapté, les bisous étaient
dans cette période assez malodorants, mais on
« bisouillait » quand même.*

Couché dans le foin

*P*uis, mon plus jeune frère est venu à la ferme, en attendant de pouvoir rejoindre son aîné en Haute Marne. Il devait se cacher, car il y avait des ennemis dans le coin. Certains Allemands, pour s'amuser, tiraient au fusil sur les vaches, ils venaient aussi à la ferme pour acheter des œufs!

La cachette de Jérôme était dans une grange située dans un pré éloigné de la ferme et de la route. Une cache était aménagée parmi les bottes de foin. J'allais lui porter ses repas, voir s'il allait bien et bavarder avec lui. Raymonde y allait aussi de temps en temps, malgré mon avis... Edgard aussi passait à la grange, mais il y avait des risques avec tous ces Allemands aux alentours. J'étais très inquiète pour

Jérôme, pour moi, je considérais que ces risques étaient inévitables.

Un jour que la famille était partie à un baptême, je suis restée seule à la ferme et mon frère dans sa grange. Une vache devait avoir son veau dans quelques jours et ce qui n'était pas prévu, il est arrivé en avance! Après la panique du moment, je suis allée chercher mon frère et à nous deux nous avons aidé le petit veau à naître. Nous avons pris quelques risques. Je savais ce qu'il fallait faire, pour le veau et pour la vache, j'avais déjà assisté à un vêlage à la ferme. Mon pauvre Jérôme, je revois encore sa tête pendant qu'il m'observait faire le nécessaire. Il était plutôt mal à l'aise et un peu écœuré, pas habitué du tout aux choses de la vie à la campagne.

Pour fêter ça, nous avons trinqué tous deux avec un verre de cidre et un petit morceau de gâteau sec. Le soir, il est retourné dans sa cachette, au retour de la famille étonnée, j'ai eu droit aux félicitations. Heureusement il n'y avait pas eu de complication.

Lorsque je retrouvais mon frère dans la grange, je lui racontais ce qui se passait à la ferme, les nouvelles en France. Ce qui le rendait triste c'est qu'il ne pouvait pas voir sa petite sœur.

Quelques temps après, aidé par les garçons du pays, qui venaient à la ferme, il est parti rejoindre son frère aîné en haute Marne. Encore une séparation douloureuse, nous étions à nouveau tous séparés. Ces jeunes qui venaient à la ferme, étaient pour certains des résistants. Ils faisaient des actes destructeurs contre nos « occupants ». La patronne leur demandait de ne pas venir, ils mettaient tout le monde en danger. Beaucoup de ces copains ont été fusillés sans jugement par les Allemands qui leur faisait la chasse, vendus parfois par des Français collaborateurs. Edgard, en secret participait à des actions qui consistaient à recevoir des parachutages de matériel, des armes surtout. Certaines nuits, arrivait un avion au-dessus du « grand couchi ».

C'était un très grand pré et là tout se passait très vite, les hommes qui attendaient récupéraient au plus vite le parachute, le danger était présent.

Je sais tout cela, car un soir, j'ai suivi Edgard. Quand il m'a vue, il s'est mis en colère, il m'a fait me cacher en me donnant les recommandations nécessaires « au cas où ».

Le travail à la ferme continuait, il ne manquait pas. Un jour, la Patronne, pendant la traite a reçu un coup de pied d'une vache. Elle ne pouvait plus marcher. Le docteur m'a expliqué comment lui faire des massages, il ne pouvait se déplacer tous les jours. Alors, je suis « montée en grade », j'avais dans les dix-sept ans. Je m'occupais aussi du paiement des hommes de journée.

Un homme, qui venait tous les jours travailler à la ferme, aimait beaucoup ma petite sœur et il lui racontait des histoires, pas toujours au goût de la Patronne, Madame Dupuis. Peut-être que Sophie s'en souvient, il faisait un signe de croix en disant :

« au nom du père, de la mère et de l'enfant, tout ce qui est bon passe là-dedans » et il prenait la petite main de ma sœur pour la mettre à sa bouche. Il était très gentil, le malheur a frappé chez lui quand dans un bombardement, son fils a été grièvement blessé. Impossible de le faire évacuer à l'hôpital, il est décédé, perdant tout son sang.

Le cidre de Normandie

*P*uis est venu le moment de faire la cueillette des pommes pour faire le cidre et le «Calvados ». A genoux, c'était assez fatiguant, nous en avons ramassé des quantités, de pleins sacs en toile. C'étaient des petites pommes justes bonnes à faire ça. Ensuite, après le ramassage, dans une grange, il fallait écraser toutes ces pommes. On attelait un cheval à un « manège ». Le cheval tournait, tournait, pour les écraser, dans une sorte de pressoir. C'était long et il fallait changer de cheval, il fatiguait lui aussi. Après cela, dans la cave, les pommes écrasées, étaient mises au pressoir à jus. Il était tourné lui aussi, mais par des hommes. Elles étaient disposées par couches dans l'appareil. Une couche de pommes, plusieurs épaisseurs de toile forte, puis une autre couche de pommes et ainsi de suite. Le jus devait traverser toutes ces épaisseurs de toile de sac pour arriver dans une cuve. Après fermentation on faisait du cidre. Avec le *cidre, on faisait le fameux « Calvados ». Pour le cidre, il se vendait aux voisins, c'était parait-il le meilleur de la région! On faisait aussi du « cidre bouché », je préparais les bouteilles, je mettais les étiquettes et Edgard les bouchons. Pour le calvados, des « réfractaires au travail obligatoire » sont venus avec leur alambic pour « bouillir », ils restaient cachés, nous leur apportions à manger et discutions un peu avec eux. A l'intérieur du bâtiment l'odeur des fruits fermentés était très forte, ils en avaient l'habitude, pas nous. A respirer dans cette ambiance, on avait l'impression d'avoir bu, il ne fallait pas s'attarder. A l'extérieur aussi l'odeur était très présente, nous avions la chance avec nous, il ne passait heureusement pas grand monde à cet endroit. Certaines bouteilles n'étaient pas vendues, on les laissait vieillir. Il y avait toujours de quoi s'occuper à la ferme.*

Un pressoir normand

La vie de fermière

Ma sœur grandissait, elle était très mignonne, avec la Patronne, le matin, elle allait jeter du grain aux poules et ramasser les œufs.

Souvent, je l'emmenais promener dans la forêt qui n'était pas très loin, au bout d'un champ proche de la maison. Dans celui qui était juste devant la maison on trouvait des quantités de champignons roses, des « rosés des prés », nous les ramassions toutes les deux. Je m'occupais aussi avec Raymonde à faire manger les hommes de journée. Pour préparer ces repas, tout se passait très bien, je m'entendais à merveille avec elle, nous étions « complices », on riait, nous étions très jeunes. Pour ces hommes, la table était très bonne; l'un d'eux avait de la famille pas loin d'Aubervilliers, il partait de temps en temps les voir et les ravitailler. J'en profitais pour faire porter des provisions aux parents: du beurre, des conserves, de la charcuterie et aussi une lettre que Sophie signait en faisant un petit dessin avec beaucoup de plaisir. Tout cela se faisait, avec l'accord de la Patronne qui ne voulait pas que je paye pour ces « envois ». Les nouvelles étaient rares, mais nous avions beaucoup de chance d'avoir été accueillies dans cette famille où nous étions considérées comme fille et petite-fille. Leurs amis nous avaient adoptées, certains pensaient qu'Edgard et moi allions nous marier. Cela nous faisait rire, nous étions comme frère et sœur, même *si on plaisantait. Il me disait: « si tu avais quelques années de plus...! » Mais il avait trente-trois ans et moi à peine dix-sept. C'est vrai, qu'avec tous ces hommes qui venaient à la ferme, il veillait sur moi.*

La vie n'était pas triste, toujours du monde et toujours la cafetière sur le coin de la cuisinière et le petit verre de Calvados sur la table et aussi quelque chose à manger. De temps en temps ils recevaient des amis et pour l'occasion, les repas étaient plus que copieux avec le « trou normand » pour pouvoir avaler la suite.

Quel contraste avec la situation de rationnement en vigueur.Ils buvaient « sec » et certains étaient plein d'humour, on faisait semblant d'oublier la réalité. Mais, c'est vrai, nous profitions de ce bien-être.

Et puis, la vie continuait à la ferme, cette année-là, on a « tué le cochon », comme on dit!

Edgard a fait venir un boucher-charcutier, Antoine, le filleul d'Edgard est venu aussi pour aider. C'est un vrai travail, avec beaucoup de préparation. Le boudin, qui ne se garde pas est de suite partagé, c'est la tradition, avec certains amis fermiers qui à leur tour feront de même une autre année.

Après toutes les découpes, les côtes, les rôtis, sont mis au saloir, dans des grandes jarres en terre-cuite ou en grès. On disposait une couche de sel, une couche de viande, ainsi de suite, ce qui permettra de les conserver en bon état. De nombreuses conserves étaient préparées, rillettes, pâtés, en bocaux qui étaient stérilisés. Les jambons étaient accrochés dans la cheminée pour être fumés.

Le dicton qui dit « dans le cochon, tout est bon », c'est vrai! Vérifié!

Un amour de jeunesse

*T*rès souvent, Antoine, le filleul d'Edgard venait passer la soirée avec nous. Ses parents avaient une grande exploitation agricole, ils avaient des métayers, ils étaient les plus gros agriculteurs du coin. Antoine était très simple, très gentil, il avait beaucoup d'humour et il n'était pas inactif. Son père lui apprenait le travail et les « ficelles » du métier, il avait suivi des cours de gestion.
Parfois il m'emmenait à une vente de bétail, son père le laissait traiter les achats ou les ventes. Un jour il s'est approché d'un groupe d'hommes et me tenant par la main, il m'a présenté à son père. Il était très à l'aise, pas moi. Edgard me racontait sa vie, mais Antoine, lui pensait à autre chose. Depuis plusieurs mois, c'est avec plaisir que l'on se rencontrait. On flirtait bien sagement.
Edgard et sa mère avait compris qu'Antoine était tombé amoureux.
Pendant cette période, Il est allé à Aubervilliers, il a même déjeuné chez nous, il plaisait bien aux parents. Plus tard, après notre retour à Aubervilliers, Antoine est venu pendant une permission, il était à

présent soldat, il est resté peu de temps, c'était une visite entre deux trains.
Il m'a dit qu'il voulait se marier avec moi, il était allé à Cabourg pour acheter une grande boucherie-charcuterie, il voulait être « traiteur ». Il n'aurait pas voulu que je reste à la ferme.
Mais moi, j'avais retrouvé mes parents, ma vie, tous mes amis, je voulais danser, m'amuser.

Je sais que je lui ai fait beaucoup de peine. Papa m'avait dit de lui dire exactement la vérité, à ce moment-là, jamais je n'ai pensé ce que sa richesse pouvait changer dans ma vie. J'étais trop jeune, c'était la guerre, c'était mon destin et sûrement que je n'étais pas assez amoureuse de lui.

Je n'ai pas souhaité le revoir, mais je n'ai pas oublié cette année-là, cette année où il s'est passé tant de choses dans ma tête.

J'aurai quand même bien voulu savoir comment cela se serait passé avec ses parents. Nous aurions quand même eu quelques complications, il le savait. Ma famille était modeste, pas la sienne, mais il était majeur, disait-il!

La situation évolue

Enfin, mon frère Jérôme nous a fait savoir qu'il était bien arrivé et qu'il avait retrouvé son aîné en Haute Marne, ils travaillaient comme bûcherons, *dans les bois. Je n'avais pas de nouvelle des parents, le courrier ne passait pas, nous écoutions la TSF, les événements se précipitaient.*

Nous avons appris le débarquement des forces anglo-américaines en Afrique du nord le 8 novembre 1942, puis plus tard la défaite allemande de Stalingrad, le 31 Janvier 1943. Ce revers des Allemands contre les Russes va précipiter les choses. On écoutait la radio en faisant très attention de ne pas être surpris à écouter les émissions défendues. Même le poste éteint, il ne fallait pas laisser les réglages sur les stations interdites.

Après le débarquement des alliés en Sicile et en baie de Naples, l'Italie avec son régime fasciste capitule le 8 septembre 1943.

C'est de nouveau le stress, que va-t-il nous arriver? Les alliés progressent en Italie, On parle du débarquement en France, où va-t-il se passer?

Juin 44, Le débarquement

Le temps passe, les travaux, la routine à la ferme continue, l'hiver passe, le printemps s'annonce et un matin, le 6 juin 1944, nous entendons le grondement des canons au loin, Tout tremble, pour nous c'est tout près. C'est le débarquement en Normandie, des Anglais des Américains des Français des Canadiens et autres nationalités. Tous ces soldats sur les plages qui se font tuer par la résistance acharnée des Allemands, pour nous, on le croit, c'est la fin des hostilités, la libération qui est proche. Tous ces hommes morts sur les plages, nous y penserons beaucoup, après. Pour le moment c'est la joie. Nous ne savons pas ce qui se passe à Paris.

Départ de Normandie

Quelques jours après le débarquement, Papa a réussi à venir avec une voiture de la Poste et un collègue l'a accompagné. Il était très inquiet, il ne savait pas ce qui se passait en Normandie. Il avait décidé de venir nous chercher, surprise, nous avons été contents de nous retrouver et d'avoir des *nouvelles de la situation à Paris. Il nous a raconté les derniers événements: Mon frère aîné, Patrice, avait quitté la Haute-Marne, il était de nouveau à Paris, il faisait partie d'une filière faisant passer des résistants, en zone libre. Il prenait beaucoup de risques, il se déplaçait en moto. Il faisait aussi prendre beaucoup de risques aux Parents, car certains soirs il venait avec quelqu'un qu'il fallait héberger pour la nuit, puis il disparaissait quelques jours. Papa n'était pas souvent là, Maman, était-elle consciente de la situation? Patrice n'étant pas retourné en Haute Marne, et le groupe n'étant plus en sécurité, mon plus jeune frère Jérome, avait pris le maquis. Les Allemands étaient partout et leur faisaient la chasse. Comme lui, ses compagnons étaient tous des volontaires, armés. Ils participaient à des opérations, sans connaissance affirmée des armes et des grenades, mises à leur disposition. Il y a eu beaucoup de tués. Ces jeunes n'étaient pas préparés à ces actions de guerre, à ces attaques, à ces combats rapprochés contre une armée forte et organisée! Plus tard, Jérome m'a raconté, que lorsqu'il était de garde, il avait autour du ventre, une ceinture avec des grenades! De la folie! Après deux jours, nous avons fait nos adieux à nos amis de la ferme, c'était très dur, avec beaucoup de larmes, nous nous quittions après tous ces mois passés ensemble.*

Nous avions vécu là, entourées, aimées comme de la famille, impossible d'oublier. Pauvre Raymonde nous avions toujours été complices toutes les deux, un vrai déchirement. Enfin nous sommes partis en promettant de revenir, d'écrire.

Nous avons pris la route en emportant du ravitaillement. Ma sœur Sophie était devant sur mes genoux, avec Papa qui conduisait, le copain était derrière. La voiture ne marchait pas à l'essence. C'était un « gazogène ». Heureusement sur la route, il nous était facile de trouver du bois. Nous nous sommes arrêtés pour la nuit dans un petit chemin dans la campagne. Ma petite sœur était toujours sur mes genoux. La nuit a été courte, épuisante pour moi, épiant le moindre bruit, Il n'y en avait pas, les bruits, ils étaient dans ma tête! Nous avons repris notre voyage et un peu plus loin, nous nous sommes arrêtés pour boire quelque chose de chaud. En route, nous avons recueilli une dame qui est venue jusqu'à Paris avec nous, elle ne savait comment remercier.

Enfin, nous sommes arrivés à la maison. Maman nous attendait dans l'incertitude, plus d'un an que nous ne nous étions pas vues. C'était du bonheur noyé de larmes, il manquait mes frères.

Ma sœur, je m'en souviens, regardait partout, elle redécouvrait des choses, pour elle, dans sa petite tête cela devait faire désordre. Cette première nuit, comme en Normandie, nous l'avons passée dans les bras l'une de l'autre.

Drôle de vie

Papa était toujours mobilisé, à l'intendance, il s'occupait d'une équipe de ravitaillement pour l'armée. Je trouvais que Paris avait changé, on y voyait beaucoup trop d'occupants, il y avait toujours le problème de la nourriture avec les rationnements. Le « couvre-feu » durait de 23 heures à 5 heures du matin, les privilégiés pouvaient disposer d'un « Ausweis », un laissez-passer.

Nous devions toujours porter avec nous notre masque à gaz. Si nous, nous avions toujours les mêmes problèmes pour nous nourrir, il y avait des restaurants où une clientèle fortunée et les officiers allemands pouvaient aller dîner. Certains de ces établissements faisaient même leur publicité en allemand! Pour nous, les moins veinards, il y avait les combines, le système D. Le marché noir, ceux qui le pratiquaient, les sans-scrupule se remplissaient les poches. Enfin, quand même un plaisir, avec notre petite bande, nous nous étions retrouvés, filles et garçons, une seule inquiétude, où étaient les manquants? Il y avait toujours des Espagnols, des Italiens. Avec ces derniers, Maman avait un problème elle avait du mal à oublier les mitraillages de l'exode. J'avais beau lui répéter que « ceux-là » étaient comme nous, avec leur famille, ils étaient comme nous sur la route en 40, rien n'y faisait.

Beaucoup de ces étrangers habitaient de l'autre côté du pont du Landy, nous nous retrouvions sur le quai du canal. Nous les jeunes, dans cette atmosphère de suspicion, nous n'étions pas tranquilles, il y avait des attentats et des répressions, alors, nous sortions pour oublier le temps présent. Il y avait quelques bals clandestins, des filles et des garçons dans ces bals chantaient des chansons révolutionnaires et parlaient des événements. Un soir, nous sommes allés à un de ces bals. Dans les rues, il faisait noir, dans les maisons on devait tout camoufler, aucune lumière ne devait être vue de l'extérieur, sinon on s'exposait à de gros ennuis avec les autorités. Pour protéger le bal, sur les toits, il y avait des guetteurs car les Allemands patrouillaient, on nous prévenait d'un danger, alors, tout s'arrêtait, dans le silence le plus complet on attendait. Ce soir-là, dans le noir, dans ce local qui était une véritable étuve, nous avons dû attendre l'éloignement de la patrouille. Le retour a été éprouvant, c'était le « couvre-feu ». On sentait le danger, pourquoi prenait-on tous ces risques? A cette époque, parfois deux ou trois fois dans la semaine, il nous arrivait d'aller aux enterrements de copains, ou de jeunes que nous connaissions peu. Une fois il y en a eu trois dans la même semaine! C'était triste et très éprouvant, ils se faisaient tuer en bravant les Allemands qui eux étaient bien armés. Papa rentrait le soir, habillé en soldat. Je me souviens qu'il apportait de temps en temps une plaque de chocolat. Quelques fois, c'était une boîte de sardines, un gâteau, des bonbons qu'il avait pu se procurer. Ces jours-là, il prenait une chaise et ma petite sœur, près de lui cherchait dans ses poches espérant trouver une douceur. C'était un vrai plaisir de la voir faire et il y avait beaucoup de poches! Pour elle c'était un jeu, Papa avait droit à la bise. Complices dans cette affaire, ils riaient, c'était un vrai moment de détente.

Bombardement près de la maison

La situation ne s'améliorait pas. Il y avait souvent des bombardements. Un jour je suis allée à la mairie faire une course, avec ma sœur et il y a eu une alerte. Nous ne pouvions pas retourner à la maison, on entendait déjà les avions. Nous nous sommes cachés sous un porche en haut de la rue du Moutier. Je savais, hélas que nous n'étions pas à l'abri des bombes. Il y avait d'autres personnes; le bombardement était tout près de nous, le bruit était épouvantable, j'avais pris ma sœur dans mes bras et puis l'alerte s'est terminée. Nous avons vu des gens arriver, bouleversés, certains blessés. Ils nous ont dit que les bombes étaient tombées sur le quartier chinois?? Pourquoi ce nom? Il n'y avait pas (à cette époque) de Chinois à Aubervilliers!

Nous sommes arrivées à la maison, Maman était très inquiète sur notre sort. Je me souviens que je suis allée prévenir, Irène et sa famille. (Irène, quelques années après, épousera mon frère Jérôme)

Une partie de cette famille, Mariette, l'épouse du frère de « Mama », la mère d'Irène, habitait avec son fils, le quartier bombardé.

Je suis partie avec des copains, en suivant le quai du canal Saint Denis et nous sommes arrivés devant la maison de Mariette. Quel triste spectacle, bloquée en haut de l'escalier extérieur, avec son fils, elle ne pouvait pas descendre. Une bombe avait détruit une bonne moitié de la maison. Nous avons eu quelques difficultés pour les faire descendre.

Nous avons réalisé la chance qu'elle avait eu de se retrouver elle et son fils, vivants, au milieu des décombres. Auparavant, elle était allée chercher son fils Jack qui jouait avec le fils des voisins dans le jardin; elle n'avait pas voulu rester avec eux, le destin! Ils étaient tous morts.

Ensuite nous sommes allés où travaillait le père de Mariette, l'usine avait été bombardée, il ne restait rien, aucun survivant. Nous sommes revenus chez nous par le même chemin, Mariette était très fatiguée, impossible de trouver les mots pour alléger un peu sa peine. Nous étions nous aussi très choqués par ce que nous avions vu.

Normalement, les bombardiers devaient détruire la ligne de chemin de fer et des entrepôts. Eh bien, ils avaient fait une erreur de tir! D'estimation... Et ils étaient tout simplement repartis, laissant derrière eux tout ce chagrin, toutes ces ruines. Mariette et Jack sont restés vivre dans la famille, Robert, le mari était soldat.

Les gens sortaient malgré les attentats et les représailles, il fallait bien travailler et se ravitailler. Comment expliquer la façon dont-on vivait ? Un jour qu'il faisait beau, nous sommes allés faire un tour sur le quai, en face, de l'autre côté du canal, Irène et moi et deux copains, la bande suivait. Plus loin en arrivant au pont, une voiture découverte a foncé droit sur nous. A l'arrière, deux Allemands braquaient sur nous leurs mitraillettes. Nous nous sommes arrêtés figés de peur. Ils nous ont regardés un moment et ils sont repartis sur le quai en direction de notre bande de copains, nous sommes restés regarder.

Ils se sont arrêtés à leur hauteur leur demandant de lever les bras. Un des copains ne voulait pas obéir. Un soldat est descendu de la voiture, heureusement, cet inconscient a fini par lever les bras. D'autres jeunes voyant la scène se sauvaient. Le retour à la maison a été rapide.

Voyage éclair en Normandie

*T*ous les jours il se passait quelque chose.

Mon frère ainé était revenu, il s'était engagé dans l'armée de libération, il avait rejoint la Division Leclerc. Notre jeune frère, lui n'était pas encore de retour, mais nous avions eu des nouvelles.

On pouvait voyager, j'ai donc décidé d'aller en Normandie chercher du ravitaillement. Maman ne *voulait pas, s'inquiétant de me voir partir seule en ces moments troublés. Nous manquions de tout, de tellement de choses, en fait tout était bon pour faire des « échanges », pour « troquer ». J'ai donc pris le train pour la Normandie. Un ami de la ferme est venu avec une voiture me chercher à la gare (il viendra m'y reconduire pour mon retour).Sur place, quel plaisir de se retrouver à nouveau, je suis repartie le lendemain avec du beurre, de la charcuterie et quelques fruits.*

Sur le quai de la gare, il y avait un peu de monde, certains, comme moi, avec sacs et valises. Plusieurs Allemands sont arrivés, la peur était là de nouveau. Une jeune fille est venue près de moi, me disant de poser ma valise, m'expliquant que si ce n'était que du ravitaillement, je ne risquais pas grand-chose, mais qu'il était préférable de s'éloigner, car au hasard, ils emmenaient des personnes pour les interroger. Elle m'a emmenée boire un café. D'où nous étions on voyait le quai et ma valise qui n'avait tenté personne. Après un moment nous nous sommes séparées, elle attendait quelqu'un.

J'ai pris le train qui arrivait, pas tranquille du tout, jusqu'à mon arrivée à la maison

Plus tard, après la libération, une fois encore, tous les quatre, avec une vieille voiture prêtée par Georges, nous sommes allés revoir ceux qui pour nous étaient plus que des amis, dans cette Normandie enfin libérée. A Aubervilliers, les événements se précipitaient, nous avions souvent des alertes.

Un soir, il y a eu un bombardement, très proche, à la Plaine-Saint-Denis. Nous étions tous les quatre à la maison. Nous avons pensé à ce moment-là que tout allait se terminer pour nous.

Tous les soirs, nous écoutions la TSF, en faisant très attention car c'était défendu. Une radio: « Les Français parlent aux Français! » Diffusait des messages codés dans le genre: « Demain, il neige à Paris! » « Élise attend Arthur! » Ces annonces n'avaient de sens que pour ceux auxquels elles étaient destinées. On entendait très souvent le message:

« Radio Paris ment! Radio Paris est allemand! »

Malgré tout cela, nous nous retrouvions souvent, sur le quai, avec le restant de la bande de copains.

La baignade et l'horreur

Un jour qu'il faisait très beau, les garçons surtout, ont décidé de se baigner dans le canal. Ils sont retournés chez eux pour chercher maillots et serviettes. Moi je suis partie chercher ma sœur car les voir faire les fous dans l'eau était un vrai spectacle.

En arrivant à la maison, Papa n'était pas là, il était allé faire un tour avec elle et Maman fermait les volets. Elle m'a dit d'entrer et de ne pas ressortir. Il y avait, parait-il, un char rue Heurtault. Tout à coup nous avons entendu un tir près de chez nous, puis des cris, des pleurs et Lilou (une voisine) qui criait que Francis était mort ! Je suis sortie malgré les consignes pour voir où était ce char et je m'inquiétais de savoir où étaient Papa et ma sœur.

Ils étaient en face au coin de la rue, le vent de l'obus avait soulevé la chemise de Papa ! Heureusement qu'ils n'avaient pas traversés au mauvais moment, ils auraient été dans la trajectoire de tir. Finalement, Maman, elle aussi était sortie afin de voir ce qui se passait et où nous étions.

En réalité, le char se trouvait sur le boulevard Félix Faure, à la hauteur du pont tournant. Lorsque les copains avaient voulu ressortir de chez eux, ils avaient vu le char, alors ils sont vite rentrés, mais ils sont restés derrière le porche. Les Allemands, eux aussi les avaient sûrement vus et visant le porche ils ont tirés croyant sans doute avoir affaire à des résistants. Lorsque je suis arrivée devant leur maison, la peur au ventre, Monsieur Morin, notre voisin du chantier à côté m'a empêchée d'approcher, de voir Francis.

Sa tête avait éclaté, la déflagration l'avait plaqué contre le mur, il avait parait-il, toujours sa serviette autour du cou. Plus loin, les deux autres étaient par terre. Pierre était mort, Alain lui, on pensait qu'il était mort aussi, mais il s'en est sorti avec deux trépanations.

Ils étaient tous les trois recouverts d'une couche de poussière. Hélas, plus loin, dans la cour, des voisins qui prenaient le soleil avaient été eux aussi fauchés par le tir, morts ou blessés, dont la sœur d'une amie, Margot et un autre voisin. Margot avait perdu la moitié du mollet, sa Maman avait un œil crevé, elle était grièvement blessée au visage.

Toutes ces personnes nous les connaissions si bien! Enfin les pompiers sont arrivés puis les ambulances. Un vrai carnage en quelques minutes. Un des blessés est décédé pendant les premiers soins.

Nous étions tous bouleversés, pleurant nos amis: quatre morts trois blessés dont un grièvement.

Nous nous sommes retrouvés pour le dernier voyage de nos amis, au cimetière d'Aubervilliers, où un « carré » était réservé pour enterrer les victimes des Allemands. Nous étions parmi les proches de Francis, sa famille demeurait juste au-dessus du porche frappé par l'obus du char. Quelle détresse, quel chagrin, mais pour nous, moralement, impossible de les aider... nous étions comme eux.

Plus tard, une plaque a été posée sur le mur de la maison en souvenir de ce triste jour. Je m'y suis rendue souvent par la suite.

La libération de Paris

Un soir, les sirènes, c'est une des dernières alertes. Lorsque nous sortons pour aller dans l'abri de Monsieur Morin le ciel est tout rouge, nous sommes éclairés comme en plein jour, nous avons très peur avec tous ces avions qui passent, nous ne savons pas ce qui va arriver. Puis les sirènes sonnent la fin de l'alerte, nous sortons, nous attendant au pire, c'est fini! C'était notre quotidien.

Quelques dates

Puis les événements se bousculent, les allemands comprennent qu'il va leur falloir partir.

- *Le 15 août 1944 à lieu le débarquement de Provence,*
- *Les alliés avancent en Normandie,*
- *Le colonel Rol Tanguy, chef des FFI locaux décide l'insurrection de Paris le 19 août, elle devient effective le 20 Août 1944.*

- *Le général Leclerc à la tête de sa Division fonce sur Paris où il entrera le 24 août par la porte d'Italie, la garnison allemande se rendra le 25 août dans l'après-midi.*

Pour Paris, c'est fini. La guerre ne se terminera vraiment que le 5 mai 1945 et l'armistice sera signé le 8 mai 1945.

La victoire

Quelle joie de voir arriver toutes ces troupes. Certaines étaient installées dans des tentes au bord du canal. C'étaient des Américains, les gens venaient les voir pour les remercier et puis pour nous, c'étaient des distributions de chocolat et aussi de « chewing-gum » (inconnu jusque-là).

Il y avait beaucoup de soldats noirs, moi, j'avoue que je ne m'approchais pas trop. Il est vrai que c'était la première fois que j'en voyais autant.

On rencontrait aussi les « résistants » qui avant se cachaient et dont certains avaient payé cher leur engagement pour la France. Maintenant ils pouvaient se montrer, les vrais et sans doute aussi ceux de la dernière heure, les opportunistes.

Oui, ils avaient payés cher, ceux qui avaient osé s'opposer aux occupants, partout dans le pays, pour qu'en ce jour nous retrouvions la paix. C'était l'allégresse, instantanément, nous n'avions plus *peur, oubliant pour quelques temps tous les drames que nous avions vécus.*

Les gens s'embrassaient, la TSF passait des informations sur les combats qui continuaient en direction de l'Allemagne, on entendait de nouveau des chansons gaies.

Sur la place du marché on entendait de nouvelles chansons à la gloire des « Tommy » (Anglais) pour leur faire savoir le plaisir que nous avions de les revoir cinq ans après leur première visite en 1940.

Mais nous avions encore faim!

Dans les rues on entendait une chanson à la gloire des soldats anglais.

Bonjour, bonjour Tommy
Tu reviens donc en France
Nous voici réunis
Après vingt ans d´absence
En te voyant ici
Tu sais ce que je pense
Toute la France
Crie "Bonjour Tommy
Et bonne chance!"

Je me souviens encore, sur les grands boulevards à
Paris
Lorsque tu passais, tu sifflotais "Tipperary"
Et tu tournais la tête
A toutes nos midinettesPour pouvoir te dire:

"Mon p´tit homme de Tommy, tu m´ plais"
Toutes les parisiennes avaient appris trois mots
d´anglais
Et toutes elles savaient dire
"I Love you, darling, my dear"

{Refrain:}
Bonjour, bonjour Tommy
Tu reviens donc en France
Nous voici réunis
Après vingt ans d´absence
Tu vas revoir ici
De vieilles connaissances
Toute la France
Crie "Bonjour Tommy
Et bonne chance!"

Tu portes toujours ton uniforme bien sanglé
Et toujours ton stick; c´est vraiment chic, le chic anglais!
Ta main est toujours prête
A donner des cigarettes
Qu´est-ce qu´on dit là-bas, tout autour de Piccadilly?
Comment va le roi? Et comment va ta p´tite Daisy?
Nous voudrions leur dire
"Merci d´ t´avoir laissé venir!"

{au Refrain}
Toute la France
Crie "Bonjour Tommy
Et bonne chance!"

Le ravitaillement arrivait doucement. Chez nous, au sous-sol, nous avions des lapins. L'oncle Hector qui s'occupait de chevaux nous avait donné un peu d'avoine et des tourterelles qui au lever du jour chantaient et nous réveillaient.

Papa ramenait du jardin, de l'herbe pour les lapins et des légumes pour nous. C'est vrai, la vie reprenait, les réactions des gens étaient parfois bien différentes.

On parlait de ces femmes qui avaient été tondues, toutes n'étaient pas des catins, l'amour existe, simplement parce qu'il y a des hommes et des femmes.

Le père d'un copain, qui était prisonnier en Allemagne est revenu avec une jeune femme allemande et vu le climat, c'était bien téméraire. Eh bien elle a été très bien acceptée dans le quartier, sauf par Gisèle, la tante d'Irène, elle qui attendait le retour de ce voisin en espérant se marier avec lui. C'était raté.

Les petits métiers

*S*ur *les marchés, étaient apparus des « chanteurs ou chanteuses de rue », accompagnés d'un accordéoniste. Ils distribuaient des feuillets sur lesquels étaient imprimées des chansons populaires, gratuitement ou pour quelques centimes (de francs). Beaucoup de gens, autour d'eux, la chanson à la main, chantaient avec eux, tout simplement. C'était* *un instant de plaisir qui tentait d'effacer pour certains la tristesse du moment.*

On entendait aussi, des « crieurs de rue », un peu comme les gardes champêtres des villages, ils faisaient contre rétribution, des annonces commerciales (de la réclame comme on disait alors). Il y avait des vitriers ambulants, qui criaient: « Vitrier! Vitrier! », ils portaient sur le dos à l'aide d'un harnais, un assortiment de vitrages de remplacement.

D'autres, colporteurs passaient, pour vendre ou pour acheter, par exemple des peaux. Ceux-là s'annonçaient aux cris de: « Peaux de lapin! Peaux! ». Ils achetaient aux particuliers, les peaux des lapins que ceux-ci avaient consommés. Les peaux étaient stockées par les gens, retournées, les poils en dedans et bourrées de paille, elles attendaient leur passage, accrochées dans les caves. Ils achetaient aussi les peaux de taupe! A cette époque sur les marchés on vendait beaucoup d'animaux de consommation, vivants.

On voyait aussi des « rémouleurs », ils passaient dans les rues avec leur carriole à roues de vélo où était installée une meule ronde en grès qu'ils faisaient tourner, en actionnant une pédale. Ils aiguisaient à la demande couteaux et ciseaux. Pour se faire entendre, ceux-là criaient: « Rémouleur! Rémouleur! »

Des « hommes sandwich » se baladaient, surtout dans les endroits fréquentés, les marchés, les sorties de messe, promenant des affiches pour des cinémas ou autres. Ces affiches étaient collées sur deux panneaux de bois reliés par des sangles d'épaules, un devant, un derrière d'où le nom de « sandwich ».

Il y avait aussi ceux qui s'installaient, dans la rue, dans une cour, pour refaire sur place les matelas. Ils « cardaient » la laine avec une petite machine actionnée à bras, puis sur des tréteaux il refaisait le matelas en changeant les toiles et tissus qui étaient cousus à la main à l'aide de grandes aiguilles.

Dans les rues passaient « les marchandes de quatre saisons » qui vendaient des légumes et des transporteurs de diverses choses ou matériaux, ils utilisaient des charrettes à bras, ils étaient souvent aidés par leurs chiens.

Tous ces « métiers » permettaient de vivre ou de survivre à ceux qui les pratiquaient !

La jeunesse d'après- guerre

Dans Paris, dans les quartiers, il y avait des bals, on chantait, on dansait, mais il ne faut pas croire, nous n'avions pas tout oublié. Tout était toujours bien présent dans nos esprits, c'était trop récent. Il était impossible d'oublier tous les risques encourus, la faim.

Nous avions été épargnés, nous et notre famille, la chance! Le destin! Alors comment résister à ces plaisirs.

Sur le quai du canal, nous avons retrouvés avec joie, la bande de copains, mais aussi avec de la tristesse pour nos amis décédés, Francis et Pierre Nous parlions souvent d'eux, nous avions tellement de choses à nous raconter et à faire!

En fin de semaine, nous partions sur les bords de la Marne à Chelles-Gournay pour danser dans les guinguettes. On allait prendre le train, mais avant il fallait marcher. La route était longue, il n'y avait pas de transport pour nous amener jusqu'à la gare de Pantin. On emportait tous un peu de victuailles et on mettait tout en commun, on partageait. On se baignait dans la Marne et on dansait, que ces journées étaient belles!

Le soir, la route nous semblait encore un peu plus longue... Maman guettait notre retour, si on chantait, c'est que tout allait bien! Maman était rassurée.

Le temps passait, celui qui nous faisait grandir, peut-être un peu trop vite! Ma petite sœur ne disait plus: « je veux ma Zackie! ».

Nous ne voulions plus penser qu'au présent. On se redécouvrait, on ne se regardait plus de la même façon. C'était troublant, on flirtait, des couples se formaient. Pendant ces sorties, on se retrouvait avec d'autres jeunes, venant d'autres quartiers.

Aux beaux jours, c'étaient les bords de Marne mais nous allions aussi danser dans Paris. Nous changions souvent d'endroits.

Le samedi soir, on se rendait « Au Tourbillon » au métro Stalingrad. C'est là que j'ai rencontré mon futur époux. Après le bal, Il fallait revenir à pied, compte tenu de l'heure, il n'y avait plus de transport et c'était loin. A la porte de la Villette, on prenait par le boulevard Félix Faure, direction Aubervilliers et la maison. En chemin, on se quittait, les uns après les autres. Pour tous ceux de notre quartier la route était longue et pour les derniers ils devaient encore poursuivre au-delà du pont du Landy. Dans ma génération, cette génération d'après-guerre, nous avons beaucoup dansé et marché.

La semaine, je travaillais à Paris dans le quartier d'Auteuil, en principe, je ne sortais que le samedi soir et le dimanche après-midi et là je devais rentrer à 19 h au plus tard. Je respectais la consigne: jamais de sortie en semaine ….. Sauf que, quelques fois, à table, pour pouvoir sortir, je donnais un petit coup de pied à mon frère ainé et je déclarais: « Ah, ce soir, nous allons au cinéma »

Il n'était pas au courant, mais il ne disait rien. Lorsque nous étions dehors, il râlait. Il me demandait où j'allais? Avec qui? Puis, il me donnait rendez-vous à une heure fixe et on rentrait tous les deux. Je n'ai jamais abusé de sa gentillesse. Nous nous entendions très bien, les trois grands, nous étions très complices.

Le service militaire

Puis, les garçons, mes frères, mes amis, sont allés faire leur service militaire. Certains étaient près, d'autres loin. Jérôme, le plus jeune est parti en Haute-Marne. Patrice, l'aîné était au fort d'Aubervilliers. Ce fort avait changé, ce n'était plus celui de notre enfance! Sur sa demande, je suis allée le voir à sa caserne où j'ai fait connaissance de sa secrétaire, Yvette, nous sommes devenues des amies. Heureusement, je retrouvais mes deux soldats, pendant leurs permissions avec beaucoup de plaisir.

Je faisais beaucoup de courrier, mon goût pour l'écriture date peut-être de cette période. Je correspondais avec des copains de mes frères, des copains soldats que je ne connaissais même pas. Heureusement, avec la « franchise militaire », je ne payais pas les timbres.

En retour je recevais beaucoup de lettres, avec des photos, des déclarations d'amour! Le facteur disait qu'il devait refaire une tournée rien que pour moi.

Il plaisantait bien sûr. Maman disait: « Les amies de ma fille sont amoureuses de mes fils et les copains de mes fils sont amoureux de ma fille ». « Ha! Ce n'est pas triste chez nous! »

Mon frère aîné, Patrice, l'Indochine

Et puis, les garçons ont terminé leur service militaire. Ils sont rentrés, tous deux contents de nous retrouver tous, de nouveau.

Ce fut de courte durée, Patrice avait décidé de s'engager dans l'armée, dans l'artillerie. Papa qui était antimilitariste ne comprenait pas. Patrice est parti pour l'Indochine, où il a été blessé grièvement après que sa compagnie ait été décimée dans une embuscade à « Bac Ninh », le 3 août 1946.

Tombé dans un nid de fourmis rouges et laissé pour mort, dans le coma, il sera secouru et emmené à l'hôpital. Sur place, un soldat lui aussi blessé et qui comme lui était d'Aubervilliers, sans le connaître, l'a veillé tous les jours jusqu'à leur rapatriement en France (Ses parents tenaient un bureau de tabac à Aubervilliers).

Enfin, il est revenu à Paris avec en plus de sa blessure au poumon, le paludisme. On l'avait transporté à l'hôpital militaire du Val de Grâce. Nous allions le voir, les premières visites autorisées étaient très courtes pour ne pas le fatiguer.

Il se remettait rapidement physiquement et le moral était bon. Les copains ne manquaient pas d'aller aux nouvelles. Après une convalescence satisfaisante il a été autorisé à rejoindre le milieu familial.

La fête à la maison

Alors mes parents, pour fêter ça, ont réuni pour un repas les copains garçons et filles. L'oncle Hector, qui était rentré de prisonnier est venu lui aussi.

Cela a fait beaucoup de monde. Le repas ne venait pas du grand restaurant parisien le « Crillon », mais il y avait de quoi les satisfaire, nos invités.

Papa a sorti quelques bonnes bouteilles de sa cave. Tous ces jeunes n'étaient pas là uniquement pour manger, mais aussi pour le plaisir d'être ensemble, de se retrouver pour parler des bons et des mauvais moments. Les langues se déliaient, on apprenait beaucoup de choses, beaucoup d'histoires concernant des situations invraisemblables, que de fous-rires.

On a beaucoup chanté, même les garçons, des chansons un peu coquines. Même Papa y est allé de sa chanson à double sens... Irène, Dany et Jeanne Marie étaient venues pour aider. Nous avions préparé des gâteaux et puis des « œufs à la neige ». En attendant de les servir, ne sachant où ranger certains de ces plats, nous avions trouvé que, couverts d'un torchon, le dessous du lit ferait bien l'affaire mais... nous avons oublié un peu de ces desserts ! Deux jours plus tard, en faisant le ménage, c'est donc sous le lit qu'on les a retrouvés, dommage, nos invités n'avaient pas pu les apprécier.

Le temps a passé, on a profité de la présence de notre frère ainé pour enfin baptiser notre petite sœur, il en était le parrain. Après sa convalescence, il est retourné en Indochine, continuer sa carrière militaire, il en est revenu en 1954, après la violente bataille de Dïen-Bïen-Phu, qui a signé la fin des « hostilités » en Indochine pour les Français.

La vie continue!

La vie a continué, chacun d'entre nous a trouvé son chemin, avec les copains de la bande, nous sommes restés en relation, ils n'avaient pas tous quitté Aubervilliers.

Chacun sa route

Nous sommes allés chacun de notre côté chercher l'élu de notre cœur. Mon frère aîné, après l'Indochine est reparti pour le Maroc, toujours dans l'artillerie et là-bas à Kasba-Tadla, il a rencontré Émilie et il l'a épousé en 1956. L'année suivante, ils sont venus en France. J'ai été heureuse de faire la connaissance de ma charmante belle-sœur et de sa famille française « pieds noirs » d'origine espagnole. Tous réunis!!

Mon plus jeune frère, Jérôme et Irène, s'étaient mariés juste après la guerre. Le Papa d'Irène était d'origine italienne et sa maman auvergnate. Moi, j'ai épousé Enrique, ses parents Ignacio et Graziella *habitaient aussi Aubervilliers, ils étaient Espagnols et avaient fui l'Espagne de Franco.*

Et notre petite Sœur Sophie a épousé Christophe, breton par sa mère, périgourdin par son père, sans doute pour préserver la lignée d'origine purement française!

Voilà comment on fait une belle famille française! De ces unions sont nés nos enfants, pour ceux qui ont eu la chance d'en avoir et aussi des petits enfants.

Il est possible qu'ils soient intéressés par ce récit de ma jeunesse. Ceux qui lisent ces lignes ont bien sûr entendu parler des dures années d'avant-guerre, puis des suivantes si difficiles, pour le pays, ils pourront à travers mon récit, mieux comprendre, ce que nous avons vécu, les conséquences, pour moi, pour notre famille et pour les peuples du monde entier.

La guerre, ce fléau, par son existence, a façonné notre génération, nous avons pris ce qui se présentait, pour travailler, pour manger, pour vivre!

Apres tant d'efforts, de volonté, de persévérance pour améliorer notre sort et avec beaucoup de peine, nous y sommes arrivés.

Ce passé a fait ce que nous sommes devenus et nous avons eu aussi plein de belles années!

Aujourd'hui, nous nous retournons, nous nous apercevons que ceux qui nous ont aimés, ceux que nous avons aimés, nous ont quittés. La maladie, la vieillesse ... ça détruit tout! Mais à chacun son histoire! La vie continue, même si l'avenir nous semble quelque fois incertain.

Il faut continuer à faire des projets car il y a toujours dans la vie, un petit coin de ciel bleu,

Il nous attend quelque part...

Mais il faut le chercher, nous le savons tous.

J'ai achevé le cahier bleu en juillet 2012

Après la guerre

C'est vrai, après ces années de guerre, d'occupation allemande, on a tous essayé de se reconstruire moralement. Après ce que l'on avait vu, vécu, on aspirait à une vie meilleure.

Nous avions eu la chance de nous retrouver tous les six: mes Parents, mes deux frères et ma petite sœur. Aussi, famille et amis, nous pensions: « plus jamais ça! »

Une fois la version définitive du « cahier bleu » terminée, en 2012, j'ai compris que je n'avais pas tout dit, qu'il restait d'autres portes de mes souvenirs à ouvrir. Eh bien! Aujourd'hui, c'est fait.

La suite du « cahier Bleu »

Puis la vie avait repris ses droits, laissant derrière elle tant de souvenirs, des bons, des mauvais, mais, pleins d'optimisme, nous voulions simplement vivre en paix. Pourtant, les années suivantes se sont montrées plus difficiles que nous ne le pensions. La guerre finie, nous avions toujours des difficultés pour nous ravitailler, nous manquions de tellement de choses.

C'était mon amie

Par rapport à la période de l'occupation allemande, je vais revenir un peu en arrière, au début de ces années d'incertitude. Nous passions des moments difficiles, avec toujours à l'esprit le souci de trouver de à s'alimenter. Mais il y avait aussi des moments agréables, ces moments j'aime me les rappeler! Ce jour-là, j'étais sortie pour promener ma sœur Sophie.

Elle était toute petite dans sa voiture de bébé. Je suis allée jusqu'au square d'Aubervilliers. Ce square, à cette époque était très beau, très grand; il y avait aussi une superbe salle des fêtes, nous y avons dansé bien des fois. Cette journée était très belle, assise sur un banc, je profitais du soleil et du calme qui régnait à cet endroit.

C'est le hasard si que j'ai fait la connaissance de cette jeune fille qui deviendra par la suite mon amie. Comme moi, elle promenait une petite sœur, enfin, c'est ce que j'ai cru. En me regardant sur mon banc, elle m'a demandé si elle pouvait s'asseoir près de moi.

Pourquoi pas! Pourtant il y avait d'autres bancs vides, mais ça ne me gênait pas, nous avons fait connaissance, nous et nos jolies « petites sœurs ». Nous avons bavardé de choses et d'autres en riant puis nous avons regardé l'heure et donné le biberon aux filles. Elles avaient à peu près le même âge.

Le bassin aux enfants, square Stalingrad, Aubervilliers

Rosette, c'était son prénom, était plus âgée que moi de deux ou trois ans, je crois et je pensais vraiment que la petite fille qui était avec elle était sa petite sœur; elle ne m'a jamais détrompée.

C'est bien plus tard lorsqu'elles allaient toutes les deux à l'école, que Sophie m'a dit qu'en fait c'était sa fille. Pourquoi Rosette ne m'a-t-elle jamais rien dit à ce sujet? Nous parlions pourtant de beaucoup de choses, c'est vrai qu'au cours de nos rencontres un doute parfois s'installait, mais c'était son secret...Comprenant qu'elle ne voulait pas en parler, je n'ai jamais insisté, ça ne gênait en rien notre complicité; pour moi qu'importe, sœur ou fille, ça ne changeait rien!

Le jour de notre première rencontre elle a ouvert un petit sac contenant un « goûter », pain, beurre et chocolat. En insistant, elle a partagé avec moi. Malgré mon envie, car nous manquions de douceurs, j'étais très gênée, nous ne nous connaissions pas. Elle m'a dit simplement que pour elle, le ravitaillement ne posait pas de problème... Sans plus de commentaire... Quelle chance!

Nous nous sommes quittées ce jour-là en nous disant: « Peut-être à bientôt? »

Et il y eu d'autres rencontres. Nous nous sentions bien ensemble, avec beaucoup de plaisir nous avons pris l'habitude de nous retrouver en semaine avec « nos filles ». Rosette n'engendrait pas la mélancolie, moi non plus! Nous allions au square, nous nous baladions un peu partout et puis elle venait me retrouver sur le quai du canal Saint-Denis très proche de mon domicile et où souvent je rencontrais, copains et copines. Elle a été adoptée, c'est avec plaisir que parfois ils nous accompagnaient dans nos promenades le long du canal, sur le chemin de halage. Rosette racontait ses sorties, ses vacances, je crois les moments heureux de sa vie; Les copains racontaient eux aussi des histoires réjouissantes, que j'avais partagées avec eux. On se sentait bien tous ensemble! Le passé à ce moment-là était le passé...

Les garçons n'hésitaient pas à rouler les landaus ou à porter les petites sœurs. Sophie est passée dans beaucoup de bras, on riait de cette situation. Nous nous connaissions tous tellement bien. C'étaient des moments de détente et de plaisir, mais si un copain posait certaines questions à Rosette, elle se fermait en évitant de répondre et il n'insistait pas.

Parfois, elle apportait des douceurs que nous partagions, c'était la fête. Assez souvent elle me donnait quelques légumes, des pommes de terre, des fruits, me disant: « je t'en prie Jackie, ne me dit pas merci, c'est pour faire une purée à Sophie ». Il est vrai que nous avions du mal à la faire manger! Pendant longtemps; il a été difficile de lui faire avaler une purée, une bouillie.

Il fallait la distraire et pour nous beaucoup de patience. Elle avait un appétit d'oiseau! Maman aurait voulu faire la connaissance de Rosette, mais elle n'a jamais voulu venir à la maison! Pourquoi?

Moi, je suis allée chez elle. Elle vivait avec sa maman, elle ne parlait jamais de son père. Sa maman travaillait dans un bureau m'avait-elle dit... L'appartement était confortable et sentait le bien être. Ce jour-là gentiment, en insistant, elle m'a offert un flacon de parfum, le même que celui qu'elle utilisait. Pour moi, c'était un trop beau cadeau, comment lui dire merci? Mais elle donnait sans attendre quelque chose en retour; elle le pouvait sans doute et il sentait si bon ce parfum!

Chez nous, à cette époque où même le nécessaire manquait, il n'était jamais question de superflu; on n'en parlait même pas. Elle le savait bien sûr.

Quelque temps après, elle m'a dit qu'elle devait partir, sans me donner trop d'explications, elle partait, mais je la sentais attristée, elle me regardait, moi aussi. J'étais malheureuse, nous avions passé de longs mois ensemble et pourtant là encore je n'osais insister pour connaître la raison de son départ. En riant elle me disait qu'elle penserait toujours à moi, pas de pleurs, nous nous reverrions à son retour. Elle quittait Aubervilliers, un départ c'est toujours un événement. Nous nous sommes séparées en croyant ou en faisant semblant de croire à un retour, nous vivions une période incertaine. Mais elle m'avait, durant ces longs mois, presque fait oublier la situation dans laquelle nous étions. Nous ne nous sommes jamais revues!

Elle était partie avec son secret, pour elle sans doute inavouable.

Elle ne s'est jamais confiée à moi alors que nous étions si proches. Je ne comprends toujours pas le pourquoi. Pourtant, après la guerre, elle est revenue puisque sa fille était à l'école avec Sophie, mais elle n'a pas cherché à me revoir, les années avaient passé... Chacun son destin! Parfois il peut ne pas être bon de faire ressurgir le passé. C'était son choix!

Ne sachant pas à l'avance, les événements qui allaient nous séparer, bouleverser nos vies, complices, nous avions partagé en riant, plus que ces goûters et plein de petites choses agréables avec « nos filles ».

Je sais, nous avons tous un jardin secret... Bien à nous!

Les plaisirs du jardin de Papa

Je reviens encore, par la pensée à l'époque où nous avions ce jardin. Il a été pour tous, mais je pense surtout pour nous les gosses, un endroit vraiment de liberté où nous nous retrouvions tous ensemble.

On pouvait courir, crier, chanter! Nous étions libérés de ces logements trop étroits avec trop peu de distractions. Donc, comme on dit à présent: « le jardin, que du bonheur! » Les parents aussi, ces jours-là, prenaient du plaisir à « la campagne ».

J'aime ces souvenirs... Certains prétendent que le passé ne compte pas: c'est faux! Peut-être même, est-ce lui qui façonne notre présent et qui, à un certain âge nous aide en faisant revivre des événements heureux.

J'en suis certaine et quand on se retrouve seul, il faut avoir ses souvenirs pour passer les moments difficiles...

C'est ce que je fais et c'est pour ça que je vais raconter: Le jardin de mon Papa...

Ce jardin, Papa en était « le Roi », il était toujours à la recherche du nouveau, du mieux.

La vigne

Un jour Papa nous annonça qu'il allait planter de la vigne... Surprise... Mais il faut dire que malgré ses explications, vu le climat à Aubervilliers, nous avions quelques doutes, mais les risques n'étaient pas très importants. Papa, lui y croyait et en futur « viticulteur », il avait besoin de nos encouragements.

Alors... Il a mis son plan à exécution. Oh! Cela ne s'est pas fait simplement. Il avait comme conseiller, son ami, d'un jardin voisin. Je me souviens de lui, il était un peu plus âgé que Papa et il m'apportait de temps en temps quelques bonbons. Cet ami, dans le temps, avec sa famille, avait travaillé la vigne et participé aux vendanges. Il a beaucoup aidé Papa par ses conseils avisés: choisir l'emplacement de la plantation, les traitements indispensables et le reste dont je ne me souviens pas très bien; ce fut très long!

Mais Papa était patient, il avait de l'espoir pour cette vigne et même un peu d'obstination.

Oui, ce fut très long...

Les saisons passaient... Les voisins venaient voir, ils faisaient un petit tour, regardaient... Mais pas de critique, ils voyaient Papa tellement persuadé du résultat! C'était pour lui une véritable expérience...Un jour, au Printemps, les premières feuilles sont apparues, puis les petites grappes aux *tous petits grains verts ; plus tard, un peu plus gros, ils ont pris un peu de couleur.*

De temps en temps on goûtait, Papa nous regardait, attentif, mais il fallait attendre...

Alors on disait: « trop vert », il fallait un peu plus de soleil!

Pour nous, c'était incroyable, ces belles grappes de petits grains bien serrés, quelle émotion!

Papa riait... Un miracle? Non, mais tout de même une grande part de chance. Il pensait plutôt au temps, à un possible orage qui aurait mis à mal tout ce travail.

Tout allait bien, il avait planté aux alentours quelques rosiers comme dans les grandes propriétés « pour éloigner le mal » ; mais là, il n'y croyait pas, mais ça faisait joli. En attendant, souvent il fallait goûter! Les raisins s'obstinaient à rester plus verts que dorés, ce qui nous faisait grincer des dents; mais Papa remontait le moral des troupes.

Et puis le grand jour est enfin arrivé, le temps et surtout le soleil avaient fait leur travail, la vigne était devenue « belle », pleine d'espoir. On parlait récolte, vendanges, nous en riant, mais Papa plus sérieusement. Après le doute, puis l'espoir, c'était le grand moment! L'ami de Papa était là pour aider à rassembler le matériel. Il fallait des paniers, des récipients en terre, en verre, des pilons et un tas d'autres choses pour moi mystérieuses, mais nécessaires à la cueillette, puis à la suite des opérations. La vendange faite et satisfaisante, les hommes ont pris possession du sous-sol de la maison; nous avions même une vraie cave à vin!

Ils ont choisi la partie du sous-sol la plus éclairée où ils pouvaient travailler à la lumière du jour et le travail a commencé. Un vrai travail manuel, c'était comme leur « royaume secret ». A ce sujet, mon frère Jérôme vient de me rafraîchir la mémoire. Nous parlions au téléphone de notre jeunesse et au sujet du vin de Papa, il me dit en riant: « mais si, souviens toi! Papa me donnait de l'argent, en cachette, pour que j'aille acheter du sucre dans le but d'améliorer la qualité de son vin! ».

Maman commençait à trouver qu'il y avait trop de dépense pour ce vin, doutant un peu de la réussite du projet. Mais je sais qu'elle la souhaitait aussi, sachant combien Papa y croyait, lui... Et moi, je suis très contente, aujourd'hui que Jérome s'en souvienne. C'est en riant tous les deux que nous nous sommes rappelés avec plaisir cet épisode particulier et ces situations, plutôt comiques.

A l'époque, avec Maman, nous sommes discrètement descendues pour observer. Aujourd'hui, Je me souviens de cette odeur que j'avais connue pendant l'occupation en Normandie. La comparaison s'arrêtait là. Nous regardions, sans commentaire, face à l'activité de ces « professionnels ».

Tout de même j'admirais cette volonté de mener à bien ce qu'ils avaient commencé. Ils y croyaient, on les entendait plaisanter tous les deux, Papa et son ami. Puis les voisins venaient voir, faire une petite visite, alors c'était la pause!

Presque tous avaient une histoire de vendange ou autre à raconter; je descendais des verres et quelques tranches de saucisson, Papa débouchait une bouteille de « sa cave », c'était déjà la fête!

Puis ce fameux nectar est passé des récipients en terre à ceux en verre pour continuer la fermentation et il fallait encore attendre... Mais un jour que nous étions dans la cuisine, nous avons entendu un grand bruit, comme une explosion venant de la cave. Précipitation! Au sous-sol, un récipient de verre avait explosé sous la pression due à la fermentation. Il fallait faire vite, une partie du précieux liquide était par terre, vite, pour récupérer ce qui restait encore dans le récipient.

Nous regardions Papa... Qui ne disait rien. La déception était visible. A ce moment-là, c'était à nous de le réconforter, de lui rendre le moral. Il a fait face en nous disant qu'il avait songé à cette histoire de fermentation, il n'y avait pas de problème, il restait assez du futur « nectar ». Il fallait attendre encore, laisser faire la nature, tout simplement.

Puis pour préparer la « mise en bouteilles au château » il a fallu, rincer, « goupillonner ». Cette opération a été une vraie partie de plaisir, nous avons même recouvert les bouchons avec de la cire. On ne doutait de rien! Je ne me souviens pas du nombre de bouteilles produites mais tout de même *ce devait être suffisant à voir le contentement de Papa. Il faut dire que nous considérions cette réalisation comme un véritable exploit. Nous avons tous trinqué, en disant tout de même en riant qu'il était un peu raide.*

Je revois Papa, le verre dans une main, sa pipe dans l'autre, nous regardant après avoir goûté il a dit: « Hum! » « Fameux! »

Alors là, notre jugement ne comptait plus. Lorsque venait un ami ou voisin, Papa disait: « je vais vous faire goûter mon vin » et il expliquait que ce vin n'avait pas été trafiqué. Pas de doute, ce vin a pris de l'âge et avec le temps un peu de douceur et nous avons eu le plaisir de le boire jusqu'à la dernière bouteille, « ouf! ».

Aujourd'hui, je te dis « bravo Papa ».

Tu es sans doute le seul dans ces jardins ouvriers à avoir fait cette expérience en la menant jusqu'au bout, moi, je m'en souviens! Il me parait facile de remonter le temps et de ressentir pleinement ce que le fait d'évoquer ces événements provoque en moi. Ces moments « drôles », vécus en famille faisaient notre quotidien d'alors. Ce n'était pas triste chez nous et pourtant des problèmes nous en avions, comme tout le monde...

Mais il y avait la force tranquille de Papa, son sourire, l'entente parfaite de nos parents et puis tout simplement nous nous aimions.

Distractions de jeunesse

Après la guerre, pour nous les jeunes nous avions l'âge de penser à autre chose que de nous lamenter. Nous avons cherché du travail, nous en avons trouvé.

Bien sûr, pas ce que nous avions rêvé; mais qu'importe, nous savions que nous allions pouvoir améliorer pour nous tous l'ordinaire de la maison.

Et puis, il fallait croire en l'avenir, c'était déjà un début ce travail!

Les bords du canal St Denis

Le temps avait passé, avec les copains, nous nous retrouvions moins souvent sur le « quai des vertus » au bord du canal Saint Denis, près de la maison. Nous y allions moins souvent mais toujours avec le même plaisir. Notre nouvelle vie, notre travail nous avait fait connaitre de nouveaux jeunes, nous avions agrandi notre cercle de relations, c'était formidable. Au retour de notre journée de travail, le soir au métro « Porte de la Villette », selon le temps, en haut ou en bas sur le quai, nous nous retrouvions. Nous étions quelques-uns, avec les amis des amis. C'était toujours très animé. Simplement, on échangeait quelques mots, les histoires du jour, on riait, on se quittait, on se faisait la bise, en disant: « à demain! »! On entretenait de bonnes relations, tous encore célibataires, nous n'avions pas de gros soucis, tout nous paraissait simple. La sortie du samedi soir, se passait bien souvent, « Au Tourbillon », ce petit bal, était le plus proche pour nous. Et après le bal, il fallait rentrer à la maison, le seul problème était le manque de transport. On dansait comme disait la chanson: «Avec du soleil plein les yeux », comme avant, mais l'esprit délivré, nous n'avions plus à nous préoccuper des dangers liés à l'occupation allemande. C'est incroyable les ressources dont nous disposons et avec quelle facilité nous pouvons passer, dès que le danger est écarté, aux plaisirs du présent! Le miracle de la jeunesse, sans doute.

Le dimanche, à la belle saison, on organisait des sorties champêtres pour la journée, à quelques kilomètres de Paris. Au Printemps, nous allions dans les bois faire la cueillette des « coucous » (jonquilles) et un peu plus tard celle du muguet. Il faisait déjà beau et pour la première fois de l'année nous ressortions les chaussures blanches et les robes légères. Pour le déjeuner, un casse-croûte faisait l'affaire. Mais aussi, avec quel plaisir nous allions au bord de la Marne passer le dimanche, à danser (gratuitement!) dans ces petites guinguettes du bord de l'eau et nous baigner, surtout les garçons!

Nous les filles, nous étions bien entourées. Les garçons sachant que nous avions un peu peur étaient très attentifs. Nous étions un peu fous, même un peu inconscients du danger. La Marne n'est pas un « fleuve tranquille ».

Pour le déjeuner, pas de problème, nous mettions en commun ce que chacun avait apporté et c'était partagé pour le plaisir de tous. Le soir, nous reprenions le chemin du retour après ces belles journées. Nous faisions toujours un petit « numéro » sur le quai de la gare avant de reprendre le train, on chantait une des chansons (ni élégantes, ni gracieuses), du genre de celle-ci, mais j'en ai gardé le souvenir joyeux:

« La régulière »

Nous avons tous, tous, tous une régulière, lière, lière
Celui qui n'fra pas attention n'aura pas d'soupe dans sa gamelle
Celui qui n'fra pas attention n'aura pas d'vin dans son bidon
Marinier attention, la main droite va commencer...
Attention, attention, du pied droit nous commençons...

C'était tout bête, on faisait une ronde, les gens autour de nous riaient, on les faisait chanter, avec toujours du respect! Ça se passait simplement, on applaudissait « les vedettes ». Nous montions tous dans le train, on se saluait en riant, on se quittait en emportant les derniers moments d'une belle journée. Je crois surtout que nous avions encore tous besoin de ces moments simples de plaisirs, de rires, sachant que le bonheur est fragile.

A l'époque on savait s'amuser. Même si nous étions toujours « fauchés », car bien sûr la paye était pour la maison, il nous revenait une petite somme pour les frais de la semaine et il nous fallait gérer au mieux notre petit budget. Nous allions aussi nous balader à Paris. De Barbès à Pigalle, le dimanche, on voyait beaucoup de monde sous le viaduc du métro aérien. C'était très fréquenté, très animé. On s'arrêtait devant les camelots, les bonimenteurs. Ils étaient étonnants de « bagout », d'histoires, de pitreries. Il y avait des chanteurs, des cracheurs de feu, c'était un vrai spectacle en plein air.

Si nous avions une petite faim, pas de gâteaux (trop chers), on partageait baguettes de pain et chocolat, assis sur les marches du Sacré-Cœur.

Dans la bande de copains, il y avait toujours des « rigolos », surtout un, il avait un esprit diabolique, on piquait avec lui de vraies crises de rire... Folle jeunesse! Parfois, à Aubervilliers, on se rendait dans un petit « bistrot » italien tenu par les parents de notre ami Gino.

On se retrouvait parmi les habitués du lieu, des familiers, toujours ravis de nous voir. On se racontait les derniers potins et on chantait tous ensemble! Gino avait une très belle voix, il chantait en italien. Quels bons moments! Pour finir, pour s'amuser, il faisait la quête pour régler nos consommations (jamais d'alcool). On se quittait toujours joyeux. C'était toute une époque, ces instants partagés, sans peur du ridicule. Nous étions sûrement encore trop purs ou sans complexe. Depuis longtemps nous avions éliminé les fauteurs de troubles, nous ne voulions pas d"histoires.

Notre point de ralliement était toujours le métro « porte de la Villette ». De temps en temps nous sortions entre filles; nous allions danser. Il y avait beaucoup de bals dans Paris et un jour, nous avons décidé d'aller à « La Java ». Les garçons nous avaient mises en garde au sujet de cet établissement.

En arrivant, surprise, la salle de bal se trouvait au sous-sol. Au bas de l'escalier un grand costaud nous a laissées passer sans rien dire. Dans la salle, on a vu beaucoup de bons danseurs, certains avec des casquettes ou des chapeaux, c'était nouveau pour nous. Un danseur s'est approché de moi, m'a pris la main. Il m'a invité à danser et à peine arrivés sur la piste, il m'a regardée et m'a dit « Cet endroit n'est pas pour vous! » Pourquoi? Je lui dis que nous avions payé nos entrées, il a souri gentiment en me disant de partir avec mes amies, que c'était plus sage. Sous l'œil du grand costaud, nous sommes remontées à la lumière... Ensuite, nos copains nous ont raconté qu'il y avait souvent des bagarres pour les filles! Ils pensaient que nous avions fait « tâche », contrastant avec le genre, l'ambiance habituelle de ce bal...

Les années passaient, nous recherchions toujours autre chose. Il y avait toujours cette belle amitié mais nous sortions de moins en moins en bande; notre travail, nos nouvelles fréquentations nous apportaient d'autres plaisirs. Nous avions pris un peu de recul. Le temps des idylles, des petites amourettes de notre toute jeunesse, les baisers, les « je t'aime »... On oubliait! Pourtant certains, certaines, en ont souffert! Le temps n'efface pas tout, il reste les souvenirs.

Les bords du canal St Denis près de la maison

Voilà, c'était mon petit moment de nostalgie en revivant en pensée cette période importante, mais pour moi sans trop de tristesse; la vie nous réservait d'autres surprises... Certainement! Nous passions simplement dans la cour des grands. Demeurant dans le même quartier, nous formions toujours un noyau de vrais amis.

Je me souviens que nous nous étions baptisés « Les gadjies et les gadjos du Quai des Vertus ». Pourtant nos obligations nous éloignaient de nos anciennes habitudes, nos loisirs n'étaient plus les mêmes. Nos nouvelles rencontres nous offraient à tous un vrai changement.

1945 : Le mariage de Jérôme

Jérôme et Irène se connaissaient depuis l'enfance, nos familles demeuraient dans des rues voisines. Ils se sont mariés à la fin de la guerre et sont restés vivre dans le même quartier.

1946: Je vais avoir 20 ans

Comment oublier mon séjour à « Chassin » quartier d'Anglet près de Biarritz où vivait un frère de Maman, Justin, sa femme Doucette et leurs enfants, mes cousine et cousin Yveline et Reynald. C'est vrai, nous étions bien loin les uns des autres, mais nous correspondions par lettres et les belles cartes postales qu'ils nous envoyaient nous faisaient rêver avec toutes ces *couleurs, le soleil, la mer… Ils insistaient, ils m'invitaient à venir passer mes vacances près d'eux. Ils m'expliquaient que les fêtes traditionnelles de « Bayonne », interrompues pendant la guerre reprenaient cette année-là. La tentation était grande, Papa et Maman étaient d'accord, contents de me faire ce plaisir. C'était une belle façon de fêter mes 20 ans (en fin d'année).*

Ce voyage allait occasionner des frais! On se remettait doucement de la guerre. Je partais « seule », par un train de nuit, « une première! »! Les cousins m'attendaient à la gare, un vrai plaisir de se voir, on s'embrassait, on riait, les questions fusaient, les réponses suivaient. Ils me demandaient de dire à leurs parents que j'étais en pleine forme (moi qui n'avait pas fermé l'œil de la nuit), car nous allions souper le soir même à Bayonne chez des amis d'Yveline. La fête commençait… Quel changement tout à coup, d'Aubervilliers à Bayonne, dans cette famille accueillante, bien plus huppée que la mienne. Ils étaient simples, me mettant à l'aise tout de suite. Avant tout, c'était la joie de retrouver la famille. Ils habitaient une jolie petite maison de gardiens dans la grande propriété d'un marquis. Ma tante s'occupait d'ouvrir les grilles, d'accompagner les visiteurs et aussi du courrier. Mon oncle s'occupait des chevaux de courses et dirigeait le travail des lads. Les relations avec le marquis et la famille étaient respectueuses. Le personnel du château était très simple et agréable. Pour la réussite de ma cousine Yveline à son baccalauréat, ils avaient fait une belle fête avec une grande pièce montée, un vrai délice. La fille du marquis était venue féliciter Yveline, lever son verre et goûter le gâteau avec nous. On voyait peu, les visiteurs du château qui venaient, ils passaient de longs moment à la piscine, il y avait toujours beaucoup de monde. Dès mon arrivée, le premier soir à Bayonne, je me suis trouvée mêlée à la bande de copains et copines de mes cousins. Ces jeunes étaient insouciants, mais respectueux.

J'ai tout de suite été acceptée. Ils ne me lâchaient pas dans cette foule en liesse, pas question de me perdre. C'étaient des chansons, des danses, des rires, on rentrait fatigués à la maison.

Mais le lendemain, on se retrouvait à la plage. Ma tante s'inquiétait un peu, on ne dormait pas beaucoup, que de belles journées. Mais les choses même les meilleures ont une fin. Merci à Tata et Tonton, que de souvenirs heureux. Je vais raconter un moment parmi tant d'autres.

Mon oncle voulait nous prendre en photo sur les beaux chevaux du domaine. Aidée par un lad, je suis montée sur une belle jument. J'avoue qu'à ce moment, je n'étais pas très brave, pas plus qu'Yveline. Tonton nous a dit d'avancer doucement. Tout de même, j'étais fière car il disait « Superbe! Superbe! » En me voyant avancer et Je croyais que c'était de moi qu'il parlait.

Hélas, Yveline me dit en riant: « Lorsque nous sommes sur ses chevaux, il ne voit que les chevaux!

Nous ne sommes là que pour les faire avancer, c'est toujours comme ça! » Tonton a entendu Yveline, il s'est mis à rire en me disant: « *Mais toi aussi tu es superbe sur cette jument, tu verras les photos!* »

Mais je n'ai jamais eu l'occasion de les voir!

Paris, distractions, sorties, bals

Le bal avait toujours notre préférence, l'accordéon, les chanteurs de charme, les jeux de lumière accompagnant chaque danse, facilitaient il est vrai, le rapprochement des danseurs; des couples se formaient. Notre ticket d'entrée dans les bals donnait droit, été comme hiver, à une boisson « euphorique » ; c'était une menthe à l'eau ou citron, ça faisait partie des avantages du moment. Pas de risque, si la tête nous tournait, sûr, ce n'était pas avec cette boisson, qu'importe le flacon... Nous venions pour danser!

Au hasard des sorties, on retrouvait d'anciens copains ou copines et le soir en quittant le bal, en l'absence de transports pour rentrer chez nous, on partait à pieds, filles et garçons, en bavardant. On faisait un peu mieux connaissance. Il y avait un garçon, Pépito, c'était son surnom, qui n'avait pas vraiment ma préférence, je le trouvais même, disons, un peu trop satisfait de lui-même... Enfin, je le pensais! Certaines de mes amies étaient très, très sensibles à son charme et cherchaient à lui plaire. Moi, je l'évitais un peu.

Pendant ces voyages de retour, souvent je préférais marcher avec son ami Zach qui plus tard deviendra un véritable ami. Mais Pépito sentait ma réticence, ça m'agaçait un peu; lui, bien sûr s'en amusait.

Alors il insistait un peu, on jouait au chat et à la souris tous les deux. Zach, lui, voyait déjà quelque chose dans ce « duel », il me l'a dit plus tard.

Au bal il ne manquait pas de danseuses mais un soir il est venu vers moi, m'inviter à danser. En me tendant la main, souriant, il m'a dit: « On fait la paix! » Et nous nous sommes retrouvés sur la piste de danse. Je me souviens du soir ou j'ai appris que Pépito se prénommait en réalité Enrique. Je l'attendais au métro, le premier arrivé attendait l'autre pour rentrer chez nous. Un copain est passé, il est venu et me faisant la bise, m'a dit: « Tu attends Enrique? ».

Je l'ai regardé, il savait que je fréquentais Pépito et lui dis: «Je ne connais pas cette personne ». Alors, en riant, il m'a confié que le prénom de Pépito était en réalité Enrique. Quand il est arrivé, je lui ai dit: « Bonsoir Enrique », il a ri et m'a expliqué qu'il préférait se faire appeler Pépito ou Pépé!

Son prénom, je crois qu'il ne l'aimait pas! Il ne lui plaisait pas! Eh bien, moi, je l'ai toujours appelé Enrique. Beaucoup, pendant longtemps ont préféré l'appeler Pépé. Encore maintenant, Jérôme mon frère, lorsqu'il m'en parle, dit toujours Pépé.

Sa fête, c'était aussi le jour de son anniversaire! C'est vrai, il dansait bien. Mais je n'étais pas prête à accepter toutes ses invitations, je voulais rester libre de danser avec mes amis, eux s'interrogeaient sur ce changement. Je m'étonnais un peu de son insistance et puis le temps qui passait faisait son chemin... Peu à peu, nous nous retrouvions avec beaucoup de plaisir. Tout ne s'explique pas, comme on dit: « le cœur a ses raisons que la raison ignore! »

Zach m'avait dit que tous les deux, faisaient partie d'une équipe de football, ils jouaient tous les samedis et le soir ils étaient souvent trop fatigués pour sortir. Je comprenais très bien ce qu'il voulait me dire; sachant que je sortais tous les samedis soir, il sentait Enrique préoccupé à ce sujet. Je ne me sentais nullement responsable de ses états d'âme car j'aurais aimé être près de lui. C'est vrai, notre relation avait changé et puis sans rien dire il a pris la décision de quitter l'équipe de foot. Zach m'a dit que par cette décision il m'apportait la preuve qu'il tenait à moi. Mais moi aussi je tenais à lui, nous étions tombés amoureux, Cupidon y était sans doute pour quelque chose, mais il ne se doutait pas, et nous non plus, que nous allions passer ensemble, soixante années de notre vie, pour le meilleur... et pour le pire...

Ce fut le début de notre histoire, délaissant les amis pour nous retrouver tous les deux. Mais nous étions souvent quatre avec Zach et son amie, qui était aussi la mienne. Nous avons pris nos dernières vacances en célibataires: Enrique et ses copains dans la Sarthe et moi avec mes amies Jeanne Marie et Dany, nous sommes parties en train pour la Bretagne.

Au retour, notre train devait s'arrêter dans une gare située à soixante-dix kilomètres de leur camping; Enrique m'avait promis qu'il serait là pour me faire la bise. Pendant l'arrêt du train, avec mes amies on scrutait le quai et lui cherchait notre wagon; nous avons fini par nous trouver pour un « baiser volé » d'une minute... Avec beaucoup de plaisir!

Pour ce baiser trop court, pour cet instant, ce jour-là, il avait fait cent quarante kilomètres en vélo! Pour moi! Comment rester indifférente devant cette nouvelle preuve d'amour, nos sentiments s'en sont trouvés consolidés.

Le temps passait, il nous fallait songer à notre futur, nos parents savaient que nous nous fréquentions, sans nous connaitre: un Espagnol! Une Française? Nous avons décidé de faire les présentations en leur annonçant nos intentions.

Ma foi, ça s'est bien passé! Compte tenu de la situation modeste de nos familles, tout devait être simple...

Ce fut simple.

Le Mariage

Nous voulions nous marier pendant les vacances.

Après avoir fait le compte de nos économies, il restait à trouver à nous loger. Des logements, il n'y en avait pas beaucoup et les loyers étaient souvent trop chers pour nous, avec des « reprises » plus ou moins justifiées.

Trouver un logement

Mon frère Jérôme a contacté un ami, Roger, qui tenait un hôtel meublé à Aubervilliers, je le connaissais, moi aussi très bien.

Il avait de disponible, une chambre, dans un triste état, au point que les précédents locataires avaient été délogés par le service municipal de la « salubrité », pour « manque de mesures d'hygiène ».

Ce n'était pas tentant, mais ne trouvant rien à un prix acceptable, nous avons retenu cette chambre. Elle disposait d'un poste d'eau et des WC à l'étage en dessous. Alors, Jérôme, Enrique et Régis, un ami, ont fait le maximum pour redonner à cet endroit un *aspect propre et nous donner l'envie de nous y installer.*

Roger, a tout de même eu le bon geste de ne pas nous faire payer le premier mois de loyer. Oh, il savait qu'il n'était pas perdant. Nous avons retiré le lit pour le mettre au garde-meuble (en payant), en vue de le remettre en place le jour de notre départ. Après cette installation provisoire, il nous faudrait continuer à chercher un autre logement!

Pour rire, on disait que nous avions un avantage extraordinaire! L'établissement « bains-douches », était situé juste en face, de l'autre côté de la rue!

Depuis, l'hôtel est devenu une maison d'habitation

C'est vrai qu'à cette époque, ça nous rendait service et nous procurait du plaisir. Nous avons acheté à bas prix ce qui était juste nécessaire pour débuter cette nouvelle vie et commencer les démarches pour le mariage. Enrique était né à Hautmont, dans le Nord et moi à Paris, nous avons demandé nos extraits de naissance. A ce sujet nous avons eu une surprise désagréable, Enrique y figurait avec une erreur dans l'orthographe du nom de famille.

Nous sommes allés voir Monsieur le maire d'Aubervilliers, qui très compréhensif a compris qu'il s'agissait d'une erreur. Sans doute qu'au moment de déclarer sa naissance, son père, qui ne parlait pas très bien le français était à l'origine de cette anomalie. Ensuite, il avait négligé de faire corriger son état civil. Il a fallu rechercher des papiers, faire des traductions d'espagnol en français, faire des photocopies, renvoyer les documents dans le Nord et au maire d'Aubervilliers et attendre...

Tout prend du temps. Le Maire nous a dit de publier les bancs et que les rectifications se feraient plus tard... Tout cela était payant!

Il fallait garder le moral! Mais la gentillesse de Monsieur le Maire nous a beaucoup aidés. Pas de problème, nous étions très déterminés. Mais la période des vacances était arrivée, frère, sœur, amis, partaient. Patrice mon frère aîné était en Afrique du Nord, dans l'armée. Nous ne savions toujours pas quand nous pourrions nous marier.

Nous avions nos témoins: Alfred, le frère d'Enrique et pour moi, mon Papa. Il fallait aussi acheter les alliances. Nous les voulions en or! Cela fit un joli trou dans notre budget mais qu'importe, c'était sans regret!

Mon rêve de petite fille, « la robe blanche », fut remplacé par un joli petit tailleur, tout de même!

Le beau voyage de noce qui aurait pu se passer à « Bora Bora », (il n'est pas interdit de rêver), fut transformé par un séjour en camping sauvage dans la Sarthe. Enrique connaissait là-bas des fermiers qui gentiment nous hébergeraient, dans un grand champ au bord de l'eau.

Nous devions y retrouver quelques amis et aussi Zach et Jackie ma copine (entre temps devenue sa femme), mais eux ne sont pas venus, suite à un décès dans leur famille.

Je suis allée chercher une petite tente de camping, qu'une collègue de travail nous prêtait. Nos vacances étaient bien organisées...

Maintenant il fallait se marier! Peu après, Monsieur le Maire nous a fait savoir que ce serait un lundi, en août, le matin, et bien sous le nom de famille corrigé d'Enrique. Le jour dit, dans la salle des mariages….. Personne! Nous avons patienté, puis un employé est venu vers nous. Nous lui avons expliqué que nous attendions le Maire pour nous marier. Il est parti téléphoner et en revenant, il nous a expliqué qu'il y avait un contretemps... le Maire avait été appelé en urgence. Il s'excusait, il avait fait le nécessaire et un adjoint allait nous marier... Il était désolé. Nous aussi, un peu, mais l'essentiel était le mariage, Maire ou Adjointe (c'était une femme), nous allions être mariés et le moral était toujours au beau-fixe. L'Adjointe est arrivée, souriante, s'excusant de son retard. Elle était peut-être un peu surprise de voir si peu de monde pour ce grand jour! La salle était vide, nous étions un lundi matin.

Après les présentations, l'atmosphère s'est détendue, Enrique lui a précisé en riant que les principaux acteurs étaient là: les fiancés et leurs témoins. Elle a mis son écharpe de Maire, la cérémonie a été simple, rapide mais pas triste du tout ; un petit discours, deux « OUI » et nous étions mariés! En nous quittant, cette gentille adjointe m'a embrassée et en me regardant, nous a souhaité tout le bonheur du monde Nous nous sommes quittés, presque des amis.

Ce mariage était plein de surprises car en descendant les marches de la mairie, main dans la main, tout à coup, Enrique s'est souvenu des alliances ! Il les a sorties de sa poche, en éclatant de rire, nous les avons passées à nos doigts. En nous embrassant, nous ne nous sommes pas préoccupés des passants qui regardaient sans se douter que nous venions enfin de nous marier et que ces premiers instants n'appartenaient qu'à nous! Nous avons repris le chemin de la maison où en arrivant j'ai trouvé une jolie gerbe de fleurs envoyée par mes collègues de bureau, avec leurs vœux de bonheur.

La veille mon Papa m'avait apporté un très joli bouquet du jardin. Nous avons reçu, Enrique et moi, de la part de nos compagnons de travail de très beaux cadeaux. On ne travaillait pas encore ensemble à ce moment-là. Maman, qui n'était pas venue à la mairie, avait préparé avec notre amie Rose, un bon repas et dressé une jolie table Papa avait monté quelques bonnes bouteilles de vin de sa cave! Nous étions neuf: nos parents respectifs, Rose et Théophile nos amis bretons, Alfred, le frère d'Enrique et nous les mariés bien sûr! Il ne manquait que mes frères et sœur, mais je savais que par la pensée, ils étaient près de moi et de nous tous! Le repas fut apprécié, « Merci Maman », l'ambiance agréable. J'avais quelques appréhensions, je craignais que la conversation soit un peu difficile, à cette époque, mes beaux-parents, Ignacio et Graziella parlaient très peu le français; mais non, tout se passa bien.

Pendant le repas, marquant encore cette journée, nous avons eu un « entracte »; il faisait très beau, la fenêtre donnant sur la rue était ouverte. Avec une grande surprise, nous avons vu apparaître un voisin et ami, Roland, un « gadjo » du temps des copains, je le croyais comme les autres, parti en vacances. Malgré notre insistance pour le faire entrer (c'était facile, il n'y avait qu'à enjamber la fenêtre!) Il n'a pas voulu, disant qu'il souhaitait seulement m'embrasser et présenter aux mariés tous ses vœux de bonheur. Alors, imaginez la situation : Roland dans la rue sur le trottoir, Enrique et moi à la fenêtre dans la salle à manger, nos verres à la main et trinquant tous les trois en riant, c'était plutôt cocasse ! Je me souviens avec beaucoup de plaisir de ce moment inattendu, qui m'avait beaucoup plu. En nous cherchant du regard, quelques instants, Roland et moi nous pensions aux années inoubliables de notre entente parfaite avec toute la bande du « quai des Vertus » ; tant de moments où se mêlaient nos rires mais aussi nos pleurs.

Beaucoup avaient quitté le quartier, c'était déjà le passé... Déjà...

Mais la vie continuait et le hasard nous donnerait encore l'occasion de nous rencontrer. Ce jour-là, pour Enrique et moi, nos projets se conjuguaient pour deux, au présent. Notre mariage! Aujourd'hui, j'ai quand même un regret, c'est de n'avoir aucune photo, même pas une petite, d'amateur, en témoignage de ce jour si important pour nous deux! Dommage! Car sans aucun doute, nous étions jeunes, beaux!

La journée terminée, je crois que tous étaient satisfaits; nous nous sommes quittés après quelques embrassades et recommandations d'usage.

Le lendemain, nous prenions le train pour la Sarthe!

Vacances en camping

*M*aman en pensant à ce camping, était très inquiète. Je lui ai rappelé les souvenirs de l'exode, pas si lointains et bien présents dans notre mémoire, ces nuits dans les granges au hasard de nos arrêts, la peur! Mais c'était le passé: « Allons Maman, pas de panique tout ira bien »

Pour moi c'était une nouvelle aventure à vivre. Enrique avait expédié son vélo par le train, nous avions préparé nos sacs à dos, tout un programme! Notre nuit de noce, nous l'avions passée chez mon frère Jérôme. Avec Irène, ils étaient en vacances et m'avaient confié les clefs de leur appartement pour que nous ne passions pas notre première nuit dans notre hôtel. Nous avions beaucoup apprécié ce geste et les quelques « douceurs » laissées à notre attention.

Les bords de la Sarthe

*L*e lendemain, c'était le départ; oh! Pas la fleur au chapeau!

La nuit avait été courte et le « lever des corps » fort contraignant! Mais c'était un autre jour! Sacs au dos, nous avons pris le chemin des vacances, le voyage se faisait en train. J'avais bravement insisté pour porter mon sac, mais voilà, je n'avais pas l'habitude... Peu de temps après, Enrique me voyant peiner sous mon harnachement comprit rapidement que j'avais besoin de bras solides et secourables. Il prit mon sac pour le porter et ajouta, en m'embrassant qu'il me voulait en forme pour nos vacances, c'était déjà une promesse...

Heureusement qu'un copain, parti en voiture quelques jours plus tôt nous avait proposé d'emporter nos affaires les plus lourdes et encombrantes. En plus par gentillesse il viendrait nous chercher à la gare. Quel soulagement!

Nous sommes arrivés à destination, il faisait un temps magnifique et chaud. Ma première impression a été la surprise de voir ces campeurs dans ce grand pré et la rivière derrière eux. Ils sont venus vers nous, souriants, nous souhaitant la bienvenue. Enrique les connaissait tous, alors pour moi, il y eu les présentations, pas tristes du tout, ce fut même très amusant. C'était fait avec humour et décontraction, et quelques plaisanteries pour embrasser la mariée. Les femmes aussi m'embrassaient en riant et Enrique n'a pas échappé de leur part à quelques sous-entendus pleins de malice.

Nous nous sommes tous réunis autour d'une grande table faite de planches posées sur des tréteaux de *bois et recouverte d'une nappe. C'est avec grand plaisir que nous avons trinqué, verre ou gobelet à la main. Les bouteilles d'eau ou de boissons fraîches étaient à disposition, il faisait si chaud!*

Astucieux les campeurs! Pour rafraîchir les bouteilles, ils les posaient tout simplement dans un seau, attaché par une ficelle à la berge, elles trempaient dans la rivière!

La méthode, je la connaissais, j'avais vu Papa faire de même, ce n'est pas révolutionnaire, c'est à la portée de tous. Simplement si besoin est, il faut être au bord de l'eau Quelle chance d'avoir cette rivière, elle nous a rendu tellement de services, avec en plus le plaisir de la pêche et de la baignade.

Peu après cette arrivée, en nous excusant auprès des campeurs, nous sommes allés à la ferme de Maître Doux pour les présentations à sa famille. Enrique m'avait parlé de leur gentillesse et de leur savoir-vivre. Il les connaissait bien. Il était déjà venu avec ses copains, plusieurs fois, faire du camping sur leurs terres. Ce fut chose facile, nous avons bavardé un moment, le courant est passé favorablement entre nous. Ils étaient contents de faire ma connaissance, m'offrant leurs services et nous souhaitant beaucoup de bonheur.

Je savais que les campeurs achetaient les produits de la ferme. J'ai aimé manger ces légumes, fruits, volailles, œufs...et surtout leur fraîcheur: « Du label rouge! »

De retour au camping, les femmes avait préparé un repas froid qui fut très apprécié par tous. Nous nous sommes retrouvés joyeusement, cinq couples et deux célibataires, autour de la table. Pas en « habit de soirée » bien sûr, mais en maillot de bain. Un joli bouquet de fleurs des champs trônait au milieu de la table pour fêter les nouveaux mariés.

J'avoue avoir été très touchée par leur gentillesse. Un bon vin rouge accompagnait le repas et puis la journée n'était pas terminée….. Enrique avait choisi l'endroit où nous allions dresser notre tente. La nuit est arrivée mais, il y avait un beau clair de lune! Tous pour un, un pour tous!... Ce ne fut pas triste, tant de bras pour monter une si petite tente. Je cherchais une solution pour ranger nos quelques vêtements. Plus on regardait plus la tente était petite! Et puis, après avoir gonflé le matelas pneumatique, ça n'allait vraiment pas. Alors, pas de matelas!

Pour nos amis, pas de problème, ils sont allés chercher de la paille et en étalèrent une bonne couche sur le sol, le tout recouvert d'un grand duvet. Avec deux petits cousins en guise d'oreillers et un autre grand duvet pour la couverture du dessus. C'était parfait. Nous étions tous très satisfaits en regardant cette « couche nuptiale »

C'est vrai que comme ça, vu de l'extérieur, ça avait l'air très confortable. En nous souhaitant une bonne nuit, chacun a regagné sa tente, après cette journée bien remplie. Enrique et moi, nous nous regardions,

« enfin seuls », après toutes les surprises depuis notre arrivée.

La tente de Jackie

Eh oui, on ne pouvait faire autrement! Nous nous sommes retrouvés en riant, avec un plaisir partagé sur cette couche nuptiale pour passer, comme il nous avait été dit, une nuit magique!

Les surprises, certes agréables, nous avaient fatigués et c'est sans hésitation, qu'à genoux, nous sommes entrés dans notre « chambre ». Quelle nuit... magique! Oh oui! Notre si beau matelas a commencé à se séparer au milieu et nous nous sommes retrouvés, sans rien dessous, ni dessus d'ailleurs... Le matin, après avoir rectifié notre tenue, nous sommes sortis de la tente, souriants, il valait mieux sortir vu le concert que nous faisait les copains.

Ils ont constaté les dégâts avec des regards et des paroles compatissantes. Oh les faux-frères, ils me *disaient: « Tu es belle avec de la paille dans tes cheveux longs, Jackie! » Nous avons tous trouvé le réconfort dans un petit déjeuner pris dans une ambiance joyeuse. La journée commençait bien il faisait un temps superbe.*

Chacun avait une petite corvée à faire. Les copains avaient prévu, avec Enrique, de s'occuper de notre tente. Ils sont allés chercher une brouette pour mieux transporter de la paille. Mais ce n'était pas facile, vu l'espace restreint à l'intérieur et puis cette paille s'accrochait à la toile de tente. Enfin satisfaits, Enrique et un copain sont partis pour acheter un matelas ou quelque chose de plus confortable, pour mettre par-dessus. Ils en ont profité pour faire les courses journalières; avec la chaleur il n'était pas possible de conserver les aliments très longtemps. Les journées se passaient très bien, l'entente était parfaite. Oh! Sauf quand même quelques « tire-au flanc » du côté des femmes, rien de bien méchant. Ensuite, avec Enrique, nous avons souhaité nous retrouver seuls tous les deux, ils ont très bien compris, aucun problème. Nous voulions simplement un peu d'intimité, pour les repas, la sieste, les ballades, avoir des moments bien à nous.

Tous, nous étions toujours complices, pour passer de bons moments, mais il fallait trouver des idées. Ce petit patelin n'offrait pas beaucoup de diversité. Certains soirs nous allions faire un tour jusqu'à un petit bistrot dans le village

Les patrons étaient sympathiques et contents de nous voir. Cela se passait bien, on mettait un peu d'ambiance, les jeunes du pays étaient heureux de venir nous retrouver.

Les journées passaient très vite il est vrai que les siestes étaient plutôt longues, pour tous, car il faisait très chaud. Mais les soirées se poursuivaient très tard. On profitait de la fraîcheur, on blaguait, on chantait, mais pas autour d'un feu de camp, le risque d'incendie était trop grand, vu la sécheresse.

Il y avait aussi les « bains de minuit ». Oh! Rien de provocateur! Simplement pour le plaisir, avec beaucoup de pudeur. C'était la récréation, nous étions « comme des poissons dans l'eau ». On se sentait bien. En parlant de poisson, je me souviens que certains jours, il y avait « pêche » au programme. La Sarthe était très poissonneuse. Certains matins, à l'aube, les copains venaient tirer Enrique par les pieds pour partir à la pêche. Quelquefois ils prenaient une barque et s'éloignaient du bord. Le résultat était toujours satisfaisant et pour nous les femmes restait la corvée du nettoyage, vidage des poissons. Les hommes s'occupaient de la cuisson et tous réunis nous partagions cette belle friture, en l'accompagnant d'une salade composée.

En pleine nature, faire toute la cuisine sur un feu de bois, au début, pour moi, ça relevait du prodige. Les champions, c'étaient deux des copains, toujours de bonne humeur, ils donnaient l'impression que c'était facile. Au début, nous étions quand même douze personnes à table. En ce qui me concernait, l'apprentissage restait à faire. Ce jour-là, j'avais préparé: papier, bois, allumettes, dans un grand trou et j'étais décidée à faire le feu pour préparer le déjeuner. Inutile de vouloir faire une surprise, Enrique et Pierre un autre copain me regardaient. Ils étaient mes supporters, disaient-ils. Bien sûr, la terre est basse, j'étais obligée d'être à genoux pour souffler sur ce feu qui avait quelques difficultés à prendre. La fumée plein les yeux, je persévérais, en pleurant. Miracle! J'ai pu mettre le trépied sur les braises, pour y poser la poêle afin de cuire notre viande.

Ils sont venus vers moi, Enrique m'essuyant les yeux et Pierre me disant: « Tu vois, il faut toujours une première fois! ». Le soir, Pierre est revenu avec un soufflet, et en m'embrassant avec un petit sourire complice, il m'a dit: « Je ne veux plus te voir pleurer! ». Nous avons ri de bon cœur de sa compassion! Disons qu'ils avaient profité, oh! Gentiment, du spectacle offert! Pour mon compte, j'étais satisfaite de sortir dignement de cette épreuve.

Les vacances se terminaient. Le temps avait été superbe... Nous avions eu tellement de bons moments et toute cette gentillesse... J'avais eu en plus le privilège d'être « la mariée », la femme d'Enrique, leur copain. Après les remerciements à Maitre Doux et à notre petit bistrot si sympathique, on s'est dit: « Peut-être à l'année prochaine? »

Nous nous sommes quittés en nous embrassant, pour certains, la larme à l'œil. Tout a une fin, mais que de bons souvenirs, cette entente, cette gaieté.

Nous avons pris le chemin du retour, notre copain nous a ramené à la gare comme prévu, nous avons retrouvé la ville, mais déjà l'air de la campagne nous manquait.

Vacances, la vie à deux

Après ce retour de vacances, quel plaisir de retrouver la famille, que de souvenirs à raconter aux parents, frères, sœur, amis.

Nos vacances à nous avaient été les plus mouvementées. A la maison, nous avons soupé tous ensemble avec une sensation de bien-être; c'était encore pour moi « la maison » Puis nous avons quitté la famille et pris le chemin de notre « hôtel cinq étoiles »!

L'hôtel

En ouvrant la porte de notre chambre, quelle transition, entre les nuits de camping à la belle étoile et notre première nuit dans cette chambre, qui manquait tout de même de charme. Qu'importe, très vite nous oublierions le camping, ses étoiles et plus rien n'aurait d'importance... Il n'y aurait que nous deux, seuls!

Au réveil, beaucoup de bruit dans la rue, c'est vrai nous étions samedi. C'était le jour du marché, il était beau, très grand, le plus vivant, le plus plaisant des *environs Mais c'était avant! Aujourd'hui, il a beaucoup changé avec ses nouveaux commerçants, la concurrence, la clientèle très différente, exotique, il est aussi moins fréquenté. C'est la vie, il faut aller vite, c'est dommage. A l'époque, on flânait, on rencontrait des connaissances, on papotait quelques minutes. Donc, nous étions bien réveillés, nous pensions à nous lever. Avec notre toute nouvelle petite cafetière italienne, donnée par Maman la veille au soir, sur notre petit butane de camping; nous avons préparé notre premier petit déjeuner chez nous avec pain, beurre et confiture. Ce fut un moment de détente, un premier plaisir de notre nouvelle vie.*

Nous étions satisfaits, mais il fallait penser à la toilette. Oui! Nous étions redevenus civilisés, plus question de penser à ces moments drôles, à la rivière pour nous laver, ce n'était plus qu'un bon souvenir. Le décor avait changé, nous avons simplement traversé la rue pour aller aux « bains-douches ». Par la suite, nous avons pris l'habitude de fréquenter régulièrement cet endroit. Nous avions une relation amicale avec la personne qui s'occupait, avec un aide, de cet établissement. Elle nous réservait toujours une douche double, mais c'était une vrai « cheftaine ». Avec beaucoup d'humour elle faisait respecter les règles, et le temps alloué pour se doucher. Un vrai « titi-parisien ». Elle tapait à la porte lorsque quelqu'un s'attardait un peu trop, en criant: « c'est terminé! Il faut sortir! » Ça se passait très bien, elle nous appelait « les amoureux ». En fin de semaine, il y avait beaucoup de monde et notre « Titi » nous disait être « claquée » à la fin de sa journée passée dans cette atmosphère de vapeur d'eau. Elle était contente de pouvoir, le soir, s'échapper, respirer enfin l'air du dehors.

Ce premier jour, nous nous sommes préparés pour aller faire quelques achats, puis, pour le déjeuner, nous étions invités chez les Parents d'Enrique. Là, comme cela deviendrait une habitude, le traditionnel lapin au riz, mode espagnole, nous attendait, toujours très bon! Sans plus nous attarder, l'après-midi, nous sommes allés chez nos amis Zach et Jackie à qui nous avions promis une visite. Nous étions contents de nous retrouver, ils étaient jeune mariés comme nous. Nous avions projeté de passer nos premières vacances ensemble dans la Sarthe, mais la vie réserve des moments difficiles, ils avaient eu le chagrin de perdre un parent dans la famille de Jackie.

Tous les quatre réunis ce jour-là nous avons parlé, les uns et les autres des bons et mauvais moments que nous avions différemment vécus. Nous les femmes, nous avions quelque chose en commun. Depuis le jour de notre mariage nous avions pris le nom de notre époux, nous portions le même; sans aucun lien de parenté entre nos maris. Pour compléter, nous avions le même prénom Jackie. Pour moi, on m'appelle Jackie, et pour Enrique, à certains moments j'étais « Jacote » ou « Sauvageonne ».

Je vais ouvrir une parenthèse pour expliquer cette belle amitié entre nous. Elle dure depuis plus de Soixante-cinq années. C'est la vieillesse, la maladie, la mort qui met fin pour tout le monde aux plus belles histoires de la vie. Nous avons eu la peine, le chagrin de perdre nos maris.

Pour mon amie, Zach, ce fut en 2005 et pour moi Enrique, en 2010.

Nous sommes restées proches, mais hélas, ne pouvant plus nous déplacer, nous nous téléphonons très souvent. Nous nous tenons au courant de nos santés chancelantes et de la vie de nos familles: sœur, frères, enfants, petits-enfants! Quelquefois nous « revivons » les bons et heureux moments du passé et pourtant, ce sont ceux-là qui font parfois souffrir!

Ce samedi soir, nous sommes rentrés à l'hôtel. Le dimanche, nous avons remis un peu d'ordre dans nos affaires, puis « farniente », il fallait nous reposer, le lendemain nous reprenions le travail. Ah! Ce retour au travail... Je crois que les patrons devraient offrir à leurs employés la première heure de cette reprise après vacances; leur laisser le loisir de se raconter, avant de reprendre sérieusement le « collier ». Ce serait sans doute plus rentable pour eux que de les laisser en parler toute la journée. Je me souviens, nous avons beaucoup bavardé, profitant de toutes les occasions, sans doute au détriment des tâches à accomplir! Pourtant c'est sans doute réalisable et tous seraient satisfaits!

Ah, ces patrons, il faut tout leur dire! Pas contents, ils nous surveillaient du coin de l'œil, toute la journée et certainement en râlant!

La vie à l'hôtel continue

Les jours de travail, les moments passés en famille ou avec nos amis se succédaient. Nous nous retrouvions avec Zach et Jackie pour quelques sorties en fin de semaine. Nous ne fréquentions plus « le p'tit bal du samedi soir », nous allions encore danser de temps en temps dans Paris, mais maintenant, c'était plutôt le cinéma ou les ballades. On passait aussi des soirées « maison », plus souvent chez eux que chez nous. Leur logement était plus grand que notre chambre à l'hôtel. Les repas étaient très simples, pas compliqués. Tout de même, Zach était le champion pour faire « les tortillas ». On préparait les repas ensemble, parfois on innovait pour créer un plat, là, c'était la surprise. Parfois, on faisait des frites, des œufs. Pour les frites, c'étaient des « vraies! » Pas des frites toutes faites, pas des congelées. À cette époque, çà n'existait pas encore. D'ailleurs, pour nous, il n'y avait pas encore de réfrigérateur ni de congélateur! On se débrouillait.

Les soirées les plus drôles, étaient celles où on faisait des crêpes, c'était amusant, des amis venaient ou la famille se joignait à nous.

Sur un petit réchaud électrique à deux plaques, avec deux poêles, on faisait des merveilles. On essayait, chacun son tour, selon la tradition de faire sauter les crêpes pour les retourner, en tenant en même temps que la queue de la poêle, « une pièce en or »; très important pour notre avenir. Comme on n'avait pas de pièce en or, on prenait, disons... une pièce de monnaie. En cas de réussite de l'opération, la fortune devait nous sourire. Quelques maladresses faisaient que la crêpe ne retombait pas toujours dans la poêle. La honte! A cause de ça et aussi parce que la pièce n'était pas en or, nous sommes tous passés à côté de la fortune!

Mais, ne soyons pas fatalistes, tout peut arriver, « ce qui est écrit est écrit! Alors, sans arrière-pensées, gaiement, ces soirs-là, nous nous sommes régalés avec ces crêpes tartinées de quelques douceurs et arrosées, avec parcimonie, de quelques verres de bière; c'étaient des soirées des plus réussies!

Les jours passaient et nous recherchions toujours un logement pas trop cher, pas trop loin de nos familles. Une circonstance inattendue, la chance peut-être, a fait bouger les choses. De temps en temps, mes parents, selon les besoins, faisaient livrer un peu de vin. C'était le gendre du propriétaire de ce commerce d'Aubervilliers qui s'occupait des livraisons. Quand il apportait la commande il bavardait toujours avec Papa. Un jour, il raconta à Papa qu'avec sa femme ils allaient prendre la succession du commerce de ses beaux-parents. Alors

Papa lui a posé la bonne question: « Qu'allez-vous faire de votre logement actuel? »

2014, notre premier logement, 44/46 bd A. France, Aubervilliers

Papa lui expliqua notre situation à l'hôtel. René, c'était son prénom, comprit bien ce que Papa espérait et lui dit qu'il allait voir les possibilités, avec son propriétaire. En attendant il nous proposait de venir visiter l'appartement. L'immeuble était et est encore une belle construction; Situé sur le boulevard Anatole France à Aubervilliers, pas loin de la mairie, pas très loin des Parents. En prime, le rez-de-chaussée était occupé par les bureaux de la Perception des Impôts, quelle aubaine!

Il y avait un ascenseur; nous l'avons pris pour monter visiter l'appartement: Septième étage, septième ciel!

Sur le palier, il y avait sept portes, René nous a expliqué qu'avant, à ce dernier niveau, se trouvaient les « chambres de bonnes ». Ce personnel, à l'époque restait à la disposition des occupants des beaux appartements « du dessous ». Les choses avaient changé... plus de bonnes! L'appartement, en effet était petit.

On entrait directement dans la pièce à vivre. Par bonheur, il y avait le chauffage central. Pour le rangement, une petite penderie à fermer par un rideau, était aménagée dans un renfoncement près de la petite cuisine où l'on pouvait mettre une petite table, pas bien grande, et sous la table deux tabourets. A côté de l'évier, un petit placard bas permettait de poser un réchaud à gaz. Tout était petit!

Dans les deux pièces, le mur, d'un côté était mansardé, lambrissé et les fenêtres donnaient sur le boulevard, c'était très clair. Un inconvénient, les toilettes, c'était en commun avec les sept autres occupants du palier, quand même, il y en avait deux... Les appartements de cet étage étaient tous semblables, aussi grands! Ou plutôt aussi petits! Peu de différences, certains avaient une entrée en plus. Ils étaient occupés par des jeunes couples, certains avec enfants. Il n'y avait pas de problème, même, il y avait parait-il une bonne ambiance.

Avec Enrique, après nous être regardés, nous avons dit à René que nous serions très heureux d'avoir ce logement et de quitter, sans regret, notre hôtel. Le loyer était acceptable pour notre budget.

C'était une nouvelle étape, une nouvelle chance. René est allé voir le propriétaire, lui a expliqué qu'il nous connaissait bien. Quelques jours après, nous avons eu un rendez-vous avec lui pour la présentation et un entretien, merci René. Nous avons été reçus par un monsieur très agréable.

Nous avons dû lui plaire, lui faire bon effet, parce que tout de suite il nous a mis au courant des instructions concernant l'immeuble: Nous étions acceptés! Le prix du loyer et les charges nous convenaient, nous étions d'accord et satisfaits que cela se passe aussi bien et aussi vite. Nous sommes revenus le lendemain pour signer les papiers et régler notre premier loyer.

Il nous a annoncé qu'il ne voyait aucun problème, que nous pouvions emménager quand nous le souhaitions.

Oh! Oui, je lui aurais bien volontiers fait la bise à ce gentil monsieur! Avec notre budget très serré, trouver un logement, même petit, à cette époque, était difficile.

Ce propriétaire n'aurait eu aucun mal à louer. Merci à René, nous avions été favorisés par son intervention. Avec Jeanne son épouse, ils ont fini de déménager ce jour-là. Pour nous, tout a été très vite. Nous étions impatients de quitter notre hôtel!

On déménage!

Le logement était très propre, rien à y faire. Dans la pièce principale, le sol, c'était un beau parquet et dans la cuisine, un carrelage.

Mes beaux-parents nous avaient offert un canapé, il n'y a eu qu'à le transporter. Ce canapé, il fallait le déplier tous les soirs. Papa, lui, avait trouvé, d'occasion, une petite salle à manger en chêne clair. Vu la place, nous avons seulement installé le buffet qui en partie haute avait deux petites portes vitrées, nous y rangions un peu de linge. On a ajouté deux chaises, le reste est allé en dépôt chez mes beaux-parents. Nous avons meublé la cuisine avec une petite table, deux tabourets, un petit placard et dessus son réchaud à gaz. Dans un coin nous avons mis un placard à vaisselle, plus haut que large.

Mon frère Jérôme et Enrique « jouaient » avec les centimètres et le résultat a été parfait. Ils ont aussi posé les tringles et barres pour les rideaux. Avec ma belle-sœur Irène qui était couturière, nous sommes allées à Paris au « marché Saint Pierre ». C'était un endroit très réputé à l'époque pour le commerce des tissus, nous avons choisi et acheté de quoi confectionner les rideaux. Comme il n'y avait pas de volets aux fenêtres, il nous fallait aussi des doubles-rideaux. Nous avons trouvé une jolie « cretonne » et pour le voilage un tissus blanc, très léger, très fin afin de garder la clarté des pièces.

Puis Irène a fait « chauffer » sa machine; elle a fait un beau travail. Elle était aussi impatiente que moi de voir le résultat. Elle a aussi confectionné un rideau pour fermer la penderie, sans oublier deux petits rideaux pour les portes vitrées du buffet. Avec un tabouret, en l'habillant d'un « costume sur mesure », en quelque sorte une housse, nous avons fait une jolie table de nuit assortie aux doubles rideaux. Tout cela terminé, nous nous sommes regardées Irène et moi, tellement contentes, nous nous sommes embrassées en versant quelques larmes.

Nous étions très satisfaites du résultat! Pour moi, cette pièce n'était que douceur pour les yeux et le mérite en revenait à Irène.

Ma belle-sœur Irène

*E*lle *travaillait dans une grande maison de couture à Paris; c'est elle qui m'a confectionné mon premier tailleur.*

Plus tard, la situation de Jérôme a évolué et elle s'est mise à travailler à domicile. A cette époque, une bonne couturière, c'était très recherché. Il fallait être très « ingénieux » parce que dans cette période de l'après-guerre, il était très difficile de trouver du tissu. Je me souviens qu'on faisait des jupes avec deux jambes de pantalon d'homme, des robes avec du tissu de doubles rideaux.

Nous avions de la chance, Irène savait trouver les tissus qui convenaient. Il est vrai, qu'entre ses clientes et sa famille elle avait de quoi s'occuper. En priorité, elle s'occupait d'habiller nos deux petites sœurs; la sienne et la mienne, toutes deux prénommées Sophie. Pour moi, elle imaginait, composait des modèles, selon le tissu dont elle pouvait disposer.

Je me souviens qu'elle plaquait des tissus sur moi et elle réalisait ce qu'elle pensait être le mieux. J'étais son mannequin disait-elle! Elle adorait innover et nous étions toujours, toutes les deux satisfaites du résultat. J'avoue qu'avec mes jolies robes, j'ai fait à l'époque, quelques envieuses. Elle a continué la couture jusqu'à ce que Jérôme, quelques années plus tard ouvre son magasin, alors elle s'est mise au commerce, avec lui.

Leur boutique s'appelait « Au Papier Peint ». On y trouvait tout le nécessaire pour rénover un appartement et en plus, l'amabilité et les bons conseils des deux vendeurs!

La vie sous les toits.

Nous vivions très heureux dans notre petit logement. Nous apprécions tout particulièrement la gentillesse, la discrétion de la gardienne des lieux et la tenue de l'immeuble

Tous les matins, elle montait au septième étage pour vérifier la propreté des sanitaires collectifs; mais là, pas de problème à ce sujet, nous étions tous très respectueux les uns des autres et de cet endroit. Nous avions eu l'occasion de faire connaissance de nos voisins, l'entente était parfaite avec ceux de notre étage, en particulier avec ceux qui se trouvaient de chaque côté de notre appartement. Nos fenêtres se touchaient presque!

Les beaux jours étaient là et nous étions sous les toits. On ne pratiquait pas encore « l'isolation » et je peux dire que nous avions très chaud! Exposés à l'ouest, nous bénéficions du soleil couchant, de quoi faire provision de chaleur pour toute la soirée et une grande partie de la nuit. Le soir en rentrant du travail, on soupait en petite tenue, Enrique en slip et moi en culotte et soutien-gorge. La proximité des «bains-douches» nous manquait! Nous y allions seulement le samedi, nos horaires de travail en semaine nous empêchaient de le faire plus souvent! Quel plaisir de pouvoir se frotter le dos sous la douche. Le « Titi » des lieux, la gardienne était toujours aussi contente de nous revoir! Mais sans doute pas plus que nous! On riait en se rappelant quelques histoires « croustillantes ».

Une fois nos ablutions terminées, on se quittait avec la bise et on disait en plaisantant: « A samedi prochain! »

Notre regret était de ne pas habiter plus près, et donc trop privés de ce plaisir.

Pendant ces périodes de chaleur, notre voisine qui avait le bonheur de posséder un réfrigérateur nous a proposé, d'y mettre nos aliments qui « craignaient ». Ainsi, comme elle le faisait déjà auparavant pour René, beurre, fromage, allaient se mettre au frais!

Le matin et le soir, nos réserves faisaient le va-et-vient, par nos fenêtres contiguës; chaque soir, nous avions aussi droit à un bol de glaçons qui étaient les bienvenus. On riait, en pensant à ce que les voisins, de l'autre côté de la rue, pouvaient bien penser de ce « trafic ». Qu'importe, c'était trop drôle! Sans nous lasser, nous avons continué notre petit manège pendant toute la saison chaude, jusqu'aux vacances. Un énorme merci à notre voisine, qui n'acceptait aucun dédommagement. C'était un petit service rendu de bon cœur.

« Un tel service ne se fait pas payer! » disait-elle.

Elle ajoutait que tous, à un moment ou un autre de notre vie, nous avions besoin les uns des autres, ce fut mon cas! Nous avons su, que chez eux, un bébé était né, un petit garçon; nous avons alors pu les remercier en faisant un beau cadeau

Les vacances arrivaient, nous ne pensions qu'à fuir cette chaleur. Cette année-là nous partions encore dans la Sarthe retrouver Zach, Jackie et nos amis campeurs.

Les vacances, retour au camping

Pour ce séjour il fallait un minimum de préparation, même si l'an passé, nous avions laissé quelques affaires, chez le fermier, Maitre Doux.

Il nous fallait prévoir un peu plus de confort. En plaisantant, Enrique et moi, nous nous rappelions « les surprises » de l'année dernière. Il fallait essayer de les éviter. Cette fois-ci nos repas seraient pris en commun avec Zach et Jackie.

Après avoir ensemble tout bien calculé, en évitant le « surplus », nous sommes partis satisfaits.

Destination : de nouveau la Sarthe

Quel plaisir de revoir toute la bande, en pleine forme; il manquait juste un couple, désolé de ne pouvoir être là, problème de dates de vacances! Nous parlions tous en même temps, en riant, que de choses à se raconter. Il y avait le soleil, la rivière qui nous avait manqué. Enfin on respirait l'air pur. Avec un rafraîchissement, un bon remède pour retrouver nos forces, nous avons tous, levé nos verres, trinqué à nos vacances, en retrouvant l'ambiance de l'année *passée ! D'ailleurs, j'avais l'impression de vivre les mêmes instants et ce souvenir m'était très agréable et très prometteur! Nous sommes allés tous les quatre saluer Maitre Doux et chercher également le colis qu'il nous avait gentiment proposé de lui adresser afin de nous soulager d'un peu du « barda » de camping que nous devions transporter avec nous dans le train. Contents de retrouver aussi cette famille, nous sommes revenus près de nos amis campeurs pour le souper; ce soir-là, pour notre arrivée, nous étions invités.*

Avant le repas, les hommes ont voulu monter nos deux tentes. Ces « randonneuses », c'était leur nom, étaient très faciles à monter et à démonter. Elles étaient faites d'un tissu solide, bien imperméable et tout de même un peu plus grandes que notre petite « canadienne » de l'année passée. C'est comme toujours dans la gaieté qu'avec tous ces bénévoles, nos deux tentes furent installées. Elles n'étaient pas trop éloignées l'une de l'autre.

Après nous être mis à notre aise pour profiter de l'agréable chaleur, ma copine Jackie et moi, avons rangé nos affaires, préparé nos « couchages ».

Les hommes étaient déjà en grande discussion sur le match de foot de la veille. Nous sommes allées retrouver les autres femmes, pensant nous rendre utiles, mais tout était prêt.Toutes installées sur l'herbe, nous avions beaucoup d'histoires à raconter sur l'année passée depuis notre dernier séjour sarthois. Et là, pas de problème, nous étions toutes aussi bavardes, les unes comme les autres. Tout se passait bien, mais les hommes sont revenus vers nous, (sûrement la faim).

Nous sommes donc passés à table, nous étions douze, devant plein de bonnes choses. La surprise, pour marquer notre arrivée et aussi puisque ce soir-là, il y avait quatre bouches de plus à nourrir, de superbes poulets de la ferme nous attendaient, cuits chez Maitre Doux, Nous les avons mangés froids avec moutarde et cornichons. Ils étaient accompagnés de notre traditionnelle salade composée, très appréciée par l'ensemble des campeurs. Ce repas champêtre nous apportait beaucoup de plaisir, la soirée était douce. Nous nous sommes tous attardés, profitant maintenant d'un peu de fraîcheur au bord de « notre rivière ».

L'eau était calme, scintillante sous l'effet du clair de lune. Tout cela nous faisait reculer l'heure du coucher. Mais la journée avait été fatigante et toujours en plaisantant nous nous sommes séparés pour une bonne nuit réparatrice. L'ami Pierre s'est approché, avec un sourire coquin et m'a dit: « c'est sûr, Jackie, tu vas regretter ta nuit magique dans ton berceau de paille! » Cet épisode des vacances de l'année passée, cette nuit de surprises de gaieté, de plaisir, comment oublier; mais c'était une autre année, une autre nuit.

Une nouvelle journée s'annonçait, prometteuse de soleil, de chaleur, nous forçant à quitter nos tentes. Sous la toile, ça devenait vite invivable, mais il a bien été dit: « l'avenir appartient à ceux qui se lèvent tôt ». Je me souvenais, l'été précédent, avoir quitté doucement notre tente pour profiter de ces heures où tout est calme, sentir cette odeur d'herbe sèche et aussi admirer la rivière dont l'aspect est particulier au petit matin. J'y retrouvais quelquefois Josy, une autre campeuse, qui comme moi appréciait ce moment Pour comprendre, il faut aimer la nature.

Des bruits dans la nuit...

Ce premier matin, fut difficile pour notre ami Zach qui se plaignait d'avoir passé une nuit blanche à écouter ronfler Enrique!

Zach me dit en riant: « tu sais, Jackie, c'est un cas de divorce! Qu'est-ce qu'il t'a promis pour que tu supportes ça, la lune? »

Alors Jackie, son épouse de renchérir: « Mais mon chéri, toi aussi tu ronfles, tu ne fais pas semblant! » Outré, Zach lui dit: « Ha! Non, pas moi! »... Et s'adressant à Enrique: «Tu vas m'aider à démonter ma tente et nous allons la remonter bien plus loin, de la tienne! »

Au sujet des ronflements, les uns et les autres, nous avions tous quelques reproches à nous faire, ça tournait à la joyeuse pantomime.

Et puis, dans le fond, pourquoi discuter, pour en arriver à conclure que tous, nous ronflions! Parait-il?

Le repos à la campagne

Certaines journées étaient très calmes d'autres avec un brin de folie, le tout, dans une bonne entente, sans contrainte, aucune obligation entre nous, mises à part les quelques « corvées » du quotidien. Pour nos virées au petit bistrot du village, ou pour un bon dîner en commun, après une pêche fructueuse, tous étaient volontaires! Et puis, il y avait nos ébats nocturnes, le bain de minuit... pris vers 23 heures. Selon la température de notre rivière, nous étions plus ou moins courageux, jamais téméraires.

D'autres soirs, nous partions en balade, digestive, dirons-nous! On traversait le petit bourg, en croisant quelques villageois, on bavardait et on continuait sur ces petites routes tranquilles. Il fallait choisir une soirée où Madame la lune était elle aussi « de sortie ». Sans elle, la campagne, c'est très noir, impossible de se diriger convenablement. Je me souviens pourtant qu'un soir, il y avait tellement d'étoiles que cela m'est apparu comme inquiétant. Je n'osais plus lever la tête vers le ciel. La nature peut-paraître parfois bizarre pour nous citadins. Les vacances se terminaient, comme Maitre Doux ne voulait jamais accepter de dédommagement pour notre présence ni pour les petits fagots de bois que nous prenions dans sa réserve pour alimenter nos feux, les hommes aidaient à quelques travaux de la ferme. Cette année-là, ils s'étaient proposés pour *défricher une parcelle en vue d'une nouvelle plantation, de petits légumes à récolte rapide. Maitre Doux avait beaucoup apprécié l'effort. Ce matin-là, de bonne heure, en plaisantant, très fringants, nos hommes ont commencé le travail. Le soleil, rapidement a pointé son nez, rendant la tâche beaucoup plus pénible. Nos hommes, pas habitués à ce labeur (ou labour), ont terminé leur besogne, satisfaits, mais avec quelques courbatures; ce fut difficile pour certains de se redresser. Les pauvres, après ça, sont revenus vers nous, chercher de la consolation, comptant et espérant que nos talents de masseuses pourraient soigner leurs grands corps malades... Ce qui fut fait, avec pour nous, un moment de délectation de voir que ces « machos » étaient devenus des « agneaux! »*

Nous pensions à notre départ. Cet après-midi-là, Enrique et moi, nous avons comme on dit: « pris la clef des champs » pour une dernière ballade. Après avoir marché un moment, nous avons fait une pause dans une belle prairie, sous quelques arbres, nous cherchions de l'ombre.

Il faisait chaud, on voyait, plus loin un troupeau de vaches. Une fois allongés sur l'herbe, après quelques « bécots », nous nous sommes assoupis. Puis, j'ai senti quelque chose d'anormal. Ouvrant les yeux, j'ai vu Enrique qui regardait derrière moi. En riant, il me dit de ne pas bouger, mais je me suis retournée et j'ai vu deux vaches, si près que j'aurai pu les toucher. Elles me regardaient de toute leur hauteur, j'étais pétrifiée. Je n'ai pas crié, j'ai hurlé en me relevant brusquement. Ayant pris peur à leur tour elles sont parties tranquillement; elles étaient venues en curieuses, sans mauvaise intention. C'est facile à dire: « après! ». Il s'en est suivi une nerveuse crise de rire. Lorsque le soir, nous sommes rentrés, nous avons eu beaucoup de succès en racontant notre aventure. Chacun des copains imaginant la situation avec ses suggestions diverses et savoureuses, nous avons eu, là encore l'occasion de passer un bon moment. Mais Enrique, lui, savait, en m'embrassant que j'avais eu très peur.

Mais, même les plus belles choses ont une fin et le lendemain, en nous aidant les uns les autres nous avons remballé, avec nos affaires, les souvenirs de ces vacances si réussies. Nous sommes allés saluer Maitre Doux et sa famille et aussi nos amis du pays, surtout les jeunes que l'on rencontrait au petit bistrot. Il y avait beaucoup.de tristesse, finis pour eux les joyeux moments en notre compagnie, fini le plaisir de se retrouver ensemble, « presque en famille » comme ils disaient. Notre départ mettait fin à ces soirées. Ce n'était pas un adieu, juste un au-revoir et sur des plaisanteries nous nous sommes quittés, le sourire retrouvé. Entre nous, campeurs, c'était plus simple, pas de promesse, mais l'envie de nous retrouver avec autant de plaisir, en pleine forme, sur les bords de notre rivière, une autre année.

Plus tard, un jour, à un retour de vacances, nous avons voulu revoir ce petit village. « Trente ans après! ». Plus rien pour nous rappeler les bons moments passés... Le petit bistrot était fermé à jamais!

Nous sommes allés à la ferme, ce n'était plus Maître Doux! Tout nous semblait si triste!

Il ne restait que la rivière pour faire revivre quelques souvenirs... J'ai quand même pris quelques photos dont une de ce petit bistrot; afin de nous rappeler nos premières vacances si drôles, avec nos amis.

30 ans après

1952, la moto

Cette année-là, notre amie Jackie a mis au monde une jolie petite Anne, toute blonde, faisant la joie de sa maman, de son papa Zach et de leur famille.

L'été venu, sans eux, nous sommes allés, Enrique et moi retrouver pour quelques jours nos amis campeurs.

Bords de Sarthe, « notre camping »

Notre programme vacances avait changé. Enrique m'avait confié, après notre mariage, qu'il avait constitué un petit pécule, un livret, alimenté depuis longtemps avec le produit de ses heures supplémentaires et aussi un peu par ses parents. Nous avions décidé de ne pas y toucher, notre but étant toujours de mieux nous loger Pas de problème, nous travaillions en faisant attention aux dépenses. Depuis l'an passé, une idée trottait dans la tête d'Enrique. Il me dit que ce serait formidable de pouvoir se déplacer sans contrainte, suivant nos envies. Il pensait à une moto et me demandait mon avis. Pour réaliser ce projet, il fallait utiliser toute *ses économies et oublier pour un moment nos envies de meilleur logement. J'avoue que c'était tentant… et puis, c'était son argent! Alors, en accord tous les deux, après avoir bien réfléchi, joignant l'utile à l'agréable nous nous sommes mis à la recherche de notre moto.*

Enrique consultait les nombreuses revues spécialisées et il y avait beaucoup de choix. Il s'intéressait de près à tout ce qui touchait la mécanique, c'était son domaine, moi, je n'y connaissais rien, c'était plutôt l'esthétique, la couleur. Notre rêve avait ses limites. Enrique a fixé son choix sur une « 350 JAWA », nous étions d'accord tous les deux; c'est vrai qu'elle était belle! Un beau bijou de couleur grenat et nous en étions les propriétaires!

Nous étions tellement contents que nous ne voulions penser qu'au plaisir à venir.

Pour le moment, nous étions sans regret, d'avoir sacrifié ce qui nous tenait tellement à cœur: le logement. Nous étions comme des gosses devant leur premier jouet. Nous avons complété par quelques achats vestimentaires et surtout, nos casques; à l'époque ils étaient en cuir. Nous avons préparé notre « circuit vacances ». Le projet, c'était la Sarthe pour quelques jours et ensuite nous voulions descendre à Talence, près de Bordeaux, dans la famille. La nièce de Papa, Marion et son mari Rémi nous avaient invités. Il faut avouer que nous n'avions peur de rien, le périple rassemblait un nombre important de kilomètres. En attendant, nous avons fait quelques ballades, Enrique maîtrisait bien la moto, il était très prudent. J'avoue que c'était grisant, de bonheur partagé. Nous sommes allés montrer la moto à notre famille... Mes parents l'ont trouvé très belle, peut-être avec quelques craintes, Papa a dit: « c'est un bel engin, mais il n'a que deux roues! ». Il a conseillé à Enrique de conduire avec beaucoup de prudence et dit qu'il lui faisait confiance.

Quant à mes beaux-parents on a pu voir dans leurs yeux, beaucoup de réprobation; pour eux, nous avions sacrifié l'essentiel, pour le plaisir! Et sans leur en parler! Leur désapprobation a contrarié quelque peu notre joie. Qu'importe, Enrique a fait face, sans commentaire, en souriant, leur demandant de plutôt nous souhaiter de bonnes vacances. Nous nous sommes embrassés, après quelques mots de prudence de la part de mon beau-père.

Ça me rappelle un vieux dicton: « Il est difficile de faire plaisir à tout le monde et à sa mère! » Et pour parodier la mère Denis, héroïne d'une publicité bien connue: « c'est ben vrai... ça! »

Nous avions équipé la moto de deux sacoches en cuir, une de chaque côté Nous partions peu chargés. Nous avions prévu, pour notre arrêt dans la Sarthe, de prendre nos repas avec nos amis et de retenir pour quelques jours une chambre au petit bistrot du village. Prêts de bonne heure, ce matin-là, nous regardant, après un petit bisou, nous avons pris la route. Nous avions cru éviter l'affluence des grands départs en vacances, mais d'autres avaient eu la même idée! Ce n'était pas un problème, nous n'étions pas vraiment pressés, simplement, le trajet serait un peu plus long. Mais quel plaisir de profiter de l'air, du soleil, de plein de sensations nouvelles, des odeurs de campagne et du chant des oiseaux; nous avions une impression de liberté, d'être plus près de la nature. Il faisait chaud, mais en roulant, c'était très supportable. En traversant un petit patelin, nous nous sommes arrêtés pour casser la croûte, faire une pause. Nous avons trouvé de quoi nous satisfaire, quelques provisions pour manger et une bouteille d'eau fraîche. Dans ce village, il y avait une place ombragée avec des bancs; nous avons apprécié ce moment de détente et notre moto a attiré quelques curieux ou connaisseurs. Certains même, ont posé des questions à Enrique en admirant notre « petit bijou ».

Ensuite, nous avons repris la route pour rejoindre nos amis. Comme les autres années, ce fut le même plaisir de se retrouver. Ils nous attendaient, souriants, contents de nous voir. Après avoir pris des nouvelles des uns et des autres, les commentaires ont tourné autour d'un seul sujet: la moto! En plaisantant comme toujours, tous ont été d'accord pour dire, et c'était un vrai compliment: « Elle est vraiment très chouette! » Ils souhaitaient tous faire un petit essai, mais surtout ils voulaient la « baptiser ».

Le lendemain fut un jour « glorieux » et « important »... de rires! Elle fut bien « arrosée! » Ces quelques jours, ont passé trop rapidement, toujours autant de bonheur de retrouver aussi les amis du coin. C'est vrai qu'en agréable compagnie le temps va très vite. Le moment du départ est arrivé. Je trouve que cet instant est souvent troublant; l'émotion ressentie dépend de l'endroit, des circonstances, partir... Avec nos amis, nous nous sommes embrassés, en leur souhaitant une agréable fin de vacances près de « notre rivière ». Ils nous entouraient, en nous demandant une carte postale dès notre arrivée à Talence.

Tous, agitant les bras pour un au revoir, nous partions avec leurs vœux de bonne route; ce qui mettait fin cette année-là au bonheur que nous avions eu de passer ces quelques jours ensemble. Pour tous, ce n'était qu'un au revoir... c'était certain! Un copain s'est approché de moi en me disant: « Attache bien ton casque Jackie! » Le cœur léger, nous avons pris la route, il faisait beau. Nous avions prévu de nous arrêter au husard, dans un coin charmant pour y trouver un hôtel et y passer la nuit avant d'arriver à Talence.

Nous avions roulé depuis peu de temps, quand nous sommes arrivés à la petite ville de « La Flèche », toujours dans la Sarthe.

L'accident à La Flèche.

C'est en traversant cette ville que nous avons eu notre accident. Heureusement, Enrique roulait doucement. Dans un carrefour, nous nous étions bien engagés et prioritaires. Une autre moto est arrivée, très vite, elle nous a télescopé, le choc a été très violent. Moi, je n'ai rien vu, je suis tombée et j'ai perdu connaissance. J'ai eu beaucoup de chance, enfin, c'est une façon de parler, une clinique était tout à côté. C'est là qu'immédiatement, on m'a transportée; je perdais beaucoup de sang, blessée à la tête. Lorsque j'ai repris connaissance, je ne comprenais pas où j'étais ? couchée dans ce lit ? Enrique était là, il me tenait la main. Pour me réconforter... Il pleurait! Là, J'ai compris.

J'ai eu très peur, le médecin était près de moi et aussi une infirmière, une religieuse. En souriant, il me dit: « Bonjour, comment vous sentez-vous? Tout va bien! Vous avez eu un accident ».

Il a ajouté: « Vous êtes blessée à la tête, votre cuir chevelu a éclaté sur onze centimètres; je vous ai recousue et mis un drain! » Je me sentais la tête lourde, mais je ne souffrais pas. J'ai demandé une glace pour voir! Je pensais à mon visage... j'ai osé regarder... Il était intact.

Ma tête était entourée d'un gros pansement. J'étais tombée sur le côté gauche et ma jambe aussi avait un peu souffert, rien de grave. Enrique avait forcé en essayant de retenir la moto, il en ressentait quelques douleurs éparses. La moto, elle aussi avait quelques égratignures, il y avait eu un constat d'établi et aussi quelques problèmes pour le couple qui nous avait télescopés, mais pas de blessures.

Ils ont reconnu qu'ils roulaient trop vite, en s'engageant sans regarder.

Je suis restée plus d'une semaine sur place. La suite pour moi était: la folie ou la guérison? Tout pouvait se produire dans cette situation. Il fallait attendre, tout simplement. A l'époque pas de Scanner ou d'IRM pour le diagnostic!

Le couple, responsable de l'accident m'a rendu visite à la clinique; le premier contact a été difficile, surtout pour eux en me voyant dans ce lit, enturbannée de ce gros pansement. Ils devaient attendre quarante-huit heures, avant de repartir Ils ressentaient toute leur responsabilité.

L'émotion était forte, ils ne savaient comment exprimer leur peine. La dame pleurait en venant m'embrasser. Ils sont venus chaque jour bavarder avec moi et Enrique. C'était un gentil couple, ils avaient deux enfants.

Le temps a passé et le médecin est venu m'enlever le drain. Pour faire passer ce moment délicat, il essayait de capter mes pensées, mon attention, avec une histoire drôle, ce fut rapide, mais très douloureux. En pleurant je lui ai dit que je n'avais pas compris la fin de son histoire « drôle ».

Plus tard, il est revenu me voir en m'apportant quelques chocolats, il riait et me disait que j'avais été très courageuse! Il m'expliqua que ma blessure était en bonne voie de guérison, mais que j'allais devoir garder le pansement jusqu'à la cicatrisation complète. Ensuite je devrai consulter mon médecin habituel pour vérifier, enlever les fils le moment venu. Il me dit aussi de ne pas m'inquiéter, que la couture était belle et que mes cheveux en repoussant recouvriraient tout cela. J'allais bien, je ne souffrais pas, je sortirai dans quelques jours après m'être levée; le docteur était satisfait, j'allais revivre normalement. J'avais fait parler dans les « chaumières », des témoins de l'accident étaient même venus demander de mes nouvelles.

Malgré les circonstances, accident mis à part, je garde un bon souvenir de cette clinique où médecin et infirmières avaient été aux « petits soins » pour moi. Ils avaient eu la gentillesse de proposer une chambre à Enrique pour que nous puissions nous voir à tout moment. J'ai quand même, au bout de dix jours, quitté cette clinique avec soulagement!

Nous avons correspondu quelques temps avec le couple de l'autre moto, ils s'inquiétaient de ma santé. Je ne me souviens plus du tout, « le trou noir » sans doute, comment nous sommes arrivés jusqu'à Talence, car bien-sûr nous y sommes allés.. Pour moi, cela sera toujours un mystère. Mais il reste une photo où l'on me voit avec mon gros pansement entre Marion et Rémi. Hélas, Enrique n'est plus là pour me le rappeler

L'accident à Paris.

Après notre séjour chez les cousins, nous sommes rentrés à la maison et les miens ont été rassurés en me voyant revenue auprès d'eux. J'allais bien, il a fallu encore des soins pendant des jours, avant de retirer les fils et quitter ce gros pansement. Pour terminer, j'ai été convoquée à l'hôpital pour constater la guérison de ma blessure. Comme le visage n'avait pas été touché, pas d'indemnisation pour compenser le dommage subi. Peut-être que si j'avais été un personnage connu, une vedette... Il aurait sans doute pu en être autrement.

Mais je vais continuer le récit « des malheurs de Jackie », suite et fin parce que le temps passant, hélas, cet accident n'a pas été le seul. Un matin, en allant travailler en moto avec Enrique, boulevard Ney, à Paris, un cycliste a débouché entre deux voitures pour traverser, sans regarder! Sur ce boulevard extérieur, même à cette époque, la circulation était déjà importante. Pour éviter ce cycliste imprévu, Enrique a braqué la moto sur sa gauche en me disant: « Jackie, cramponne-toi! » Il a freiné en urgence, la route était mouillée, je suis tombée! Oh! J'ai tout vu, même ce camion qui arrivait sur moi, le chauffeur lui aussi a freiné désespérément nous a-t'il dit, me voyant déjà sous les roues de son camion. Tout de même, ce fut très juste, j'étais après son arrêt, à moins de cinquante centimètres d'une roue; la « baraka », c'est certain!

Enrique m'a aidé à me relever, il avait eu peur! J'étais un peu « sonnée » mais rien de cassé. Le chauffeur du camion est venu vers moi, il était près de la syncope, aussi pâle que moi, me prenant les mains et tremblant tous les deux. Nous avions tous besoin d'un remontant, nous sommes allés dans un café tout proche. La police est arrivée pour le constat, la déposition des témoins qui avaient tout vu, comme on dit! Ils avaient vu le cycliste traversant entre les voitures, mais voilà...Il avait disparu ... Il n'avait pas attendu; a-t' il eut ensuite des remords?

Ça pouvait être important pour moi, par la suite, après cette chute. Enrique par chance, n'avait rien. La moto était toujours en état de marche, elle était plus résistante que moi! Sans doute pour prouver que j'allais bien, j'ai beaucoup insisté pour continuer notre trajet en remontant sur la moto.

Enrique n'était pas d'accord. Nous sommes tout de même repartis et arrivés sans encombre à notre travail. Ma chef, après le récit de mes aventures décréta que rester là était de la folie et que je devais retourner chez moi et voir un docteur. Elle a prévenu Enrique qu'elle me faisait raccompagner avec une voiture de la société. Nous travaillions dans la même entreprise, il est venu, inquiet, croyant que ça n'allait pas.

Plus tard, le médecin m'a prescrit un arrêt de travail, pour me reposer et passer quelques examens.

Les jours suivants, mon corps à certains endroits a changé de couleur et pour les parties concernées, la douleur est arrivée. J'imagine que ces sauts de « haute voltige » en moto, ont laissé quelques traces, séquelles, qui peut-être ne sont pas étrangères à mes ennuis de dos actuels, même après tant d'années. Pourtant, entre ces deux accidents nous avons fait beaucoup de belles ballades avec beaucoup de plaisir. Nous partions, quelquefois juste pour le week-end, on aimait!

Enrique n'avait fait aucune faute de conduite, mais deux accidents ayant mis ma vie en danger, c'était trop. Il a décidé de vendre notre « bijou ». Il me disait ne pas avoir de regrets (nous en avions tous les deux). Mais il ne voulait pas de nouveau prendre des risques. La vente de notre moto, c'est certain, fut une décision assez difficile à prendre moralement. Elle mettait fin, trop vite à tous nos plaisirs, à toutes ces ballades surprises au cours desquelles on se sentait libre, on aimait ça... Tout simplement! Mais, regrets ou pas, à peine mise en vente, elle a été achetée presque aussi chère que nous l'avions payée, c'est vrai qu'elle était belle.

Les familles ont été satisfaites. Enfin, peut-être pas pour les mêmes raisons! Mais, ainsi va la vie!

2014, fin du cahier jaune N°1

Petit retour en arrière

Là, je vais un peu remonter le temps. Peu après l'accident dans la Sarthe, tout allait bien. Passé ce mauvais moment, une agréable surprise nous attendait, de quoi effacer ce triste souvenir.

Nous savions que Dany, l'une des filles de nos amis bretons, fréquentait sérieusement un jeune homme: Cédric.

Le mariage de Dany

Ils préparaient ce « grand jour », leur mariage. Dany me disait qu'elle avait tellement souhaité me voir en pleine forme pour cet événement si important pour eux. Dany était coiffeuse. Elle a attendu la veille de la cérémonie pour me faire le premier shampoing et me coiffer, après ma blessure à la tête. Elle le fit avec beaucoup de douceur et ce fut une belle réussite. Cédric lui était chauffeur à la société « Le Lait Intégral », à Aubervilliers. C'était un garçon charmant, il chantait aussi dans un groupe, un petit orchestre. Ils se *produisaient, dans un grand bar, près de la mairie où chaque fin de semaine, on dansait. La grande salle avait été retenue, et c'est là que joyeusement nous avons fêté l'union de nos amis! Il y avait beaucoup de jeunes couples, des célibataires, des amis et les familles. Cela faisait beaucoup de monde, les copains de l'orchestre étaient là, et nous avions le chanteur! L'ambiance était au beau fixe… Dans la joie!*

La cérémonie à la mairie n'a pas été triste, un peu remuante, c'est vrai, mais c'était jour de fête! A l'église, le calme est revenu et avec beaucoup de respect nous avons attendu le « oui » et le baiser des mariés. Mais après, les félicitations sont devenues un peu plus bruyantes. La mariée était gracieuse et belle. Le couple souriait, précédé par de jolies petites demoiselles d'honneur. Après les mariés suivaient ma petite sœur Sophie, en robe longue et son petit cavalier. Ils tenaient le voile de la mariée!

Venait ensuite la sœur de Dany, et tous les invités, dont mes parents, mon frère Jérôme et Irène. A la sortie de l'église, voisins et amis attendaient et se sont mêlés à la noce pour admirer et embrasser les mariés, pendant que les cloches sonnaient joyeusement. Mais ce jour-là, Enrique ne se sentait pas très bien, je suis retournée avec lui à la maison. Il s'est allongé un peu. Puis le soir, pas très en forme, il m'a accompagné pour le dîner et la soirée.

La salle était accueillante et fleurie. Malgré le

désordre dû à l'ambiance, nous avons fini par trouver nos places à table. Le repas, les vins, tout était parfait. Nous avons apprécié ce moment, nous avions un orchestre et notre marié-chanteur! Alors, nous avons tous beaucoup chanté et dansé. Les mariés avaient promis de rester avec nous jusqu'à la fin et ils ont tenu parole. Au petit matin, la surprise a été grande de voir arriver les copains de travail de Cédric, dans un grand camion de livraison plein de bouteilles de lait, vides! C'est dans ce camion découvert que nous les jeunes, enfin, ceux qui le pouvaient encore, avons embarqué. Ils nous invitaient aux Halles de Paris pour manger une « soupe à l'oignon ». Enrique, pas très bien remis n'est pas venu (ni le lendemain chez les Grands-Parents de Cédric), rien de grave, mais toujours fatigué. Nous voilà partis, heureusement qu'il faisait beau, nous étions, avec les mariés, debout, à l'arrière, dans le vent. Dany toujours avec sa robe et son voile. Il faut l'avoir vécu pour imaginer la situation, quelle ambiance!

Cette soupe, je m'en souviens, était très bonne, mais nous n'avions pas faim. Les copains disaient que c'était bon pour la digestion, surtout accompagnée d'un petit vin blanc sec (sans exagération). Je revois notre arrivée aux Halles, dans cette salle au milieu des « hourras » et des acclamations saluant la mariée. Toujours aussi gracieuse et souriante, elle a été élue pour un jour: « Reine des Halles ». Au lever du jour, au retour, nous étions toujours en forme, heureusement, il fallait maintenant aller chez les

Grands-Parents de Cédric à qui nous avions promis d'aller finir les « restes ».

Ils avaient un grand pavillon à Aubervilliers. Après quelques heures de repos, Eh-bien, nous étions tous là. Comme on disait à cette époque: « chapeau les mariés », eux aussi étaient toujours avec nous pour continuer et terminer cette mémorable journée.

Mon cavalier, pour cette aventure aux Halles était un ami de Cédric, un boute-en-train très comique; il a commencé le repas à la « Suze » et l'a terminé de la même façon, toujours dans une forme incroyable! Ce fut aussi une belle journée de réunion pour mes Parents avec leurs amis bretons. Tant d'années d'amitié, entre nos deux familles. Ils étaient tous très heureux.

Voilà, je viens de revivre avec vous qui me lisez ces merveilleux moments où rien n'était venu ternir notre joie de vivre.

Les jours sombres

Malheureusement, nous sommes passés en très peu de temps du bonheur aux jours les plus sombres. Papa qui n'avait jamais été malade et qui ne se plaignait jamais nous avoua qu'il ressentait quelques douleurs à l'estomac après avoir mangé? Il prenait quelques médicaments qui le soulageaient un peu et il ne voulait pas voir de médecin.

Papa est malade

Papa travaillait, s'occupait de son jardin et disait que cela allait passer... Mais, il avait perdu quelques kilos et sur notre insistance, il a bien voulu consulter un docteur. Notre médecin de famille avait pris sa retraite. Ce fut un jeune et nouveau, le remplaçant qui est venu. Après avoir bien écouté Papa et prescrit quelques médicaments, il prit la décision de faire procéder à des examens. Ne voyant pas d'amélioration, le docteur a demandé à voir Jérôme en disant que c'était très sérieux. Ensuite, Jérôme est venu me confier ce qu'il ne pouvait pas garder pour lui, ce que le médecin venait de lui dire.

Le diagnostic précis se résumait à: « cancer de l'œsophage ». Nous étions catastrophés, le verdict, six mois, difficile à croire. A l'époque, on parlait de cette maladie à mots couverts. Avec la peur, les gens racontaient des choses insensées. Nous n'avons pas dit la vérité à Maman, ni à Sophie qui allait au collège.

Elles voyaient bien que Papa était malade. Jérôme qui était représentant pouvait gérer son travail, il a fait l'impossible, le maximum. Nous avons revu des spécialistes; ils sont même allés voir des guérisseurs, même très loin, sans résultat.

Papa a été hospitalisé à Villejuif, ce nom me fait toujours frémir. Papa ne disait rien, mais il savait... Ce fut terriblement difficile, Jérôme amenait presque tous les jours Maman à l'hôpital, puis il revenait la chercher. En fin de semaine, nous y allions tous les deux, bien souvent Papa dormait sous l'effet des médicaments. Sophie aussi accompagnait Maman, elles allaient à Villejuif en bus et métro.

La veille qu'il nous quitte, je travaillais, je suis allé voir ma chef pour lui dire que je partais voir Papa.

Elle m'a embrassé et m'a dit simplement: « Va!» Ce jour-là, il m'a regardé quelques instants, fixement, je lui tenais la main, il a fermé les yeux. Je l'ai embrassé et je suis partie, ne pouvant retenir mes larmes. Je pleure encore aujourd'hui en revivant ces moments; il avait cinquante-cinq ans notre Papa.

Il nous a quittés dans la nuit...

L'infirmière m'a dit que les autres malades de la chambre l'avaient veillé. Ils étaient six, tous avec la même terrible maladie. Quel pouvait être leur état d'âme? J'ai souvent pensé à eux. Pour son dernier voyage, je n'ai jamais vu autant de monde et autant de fleurs. Tous étaient là, famille proche ou lointaine, nos amis, nos voisins, nos collègues, les parents des amies de ma petite sœur Sophie et puis aussi une délégation de la Poste.

Patrice, très loin de nous, en Indochine, ne savait pas encore. Maman était dépassée par les événements et nous aurions tant voulu épargner ces moments à Sophie, si jeune et qui avait beaucoup de chagrin. L'époque voulait que le deuil se porte pour les femmes de la famille, toutes vêtues de noir, y compris chapeau et voile couvrant le visage.

Les condoléances ont été très éprouvantes et longues, debout, il y avait tellement de monde! Je me sentais mal, j'avais retiré chapeau et voile. Maintenant les choses ont changé pour les condoléances, un livre à la disposition des présents leur permet de témoigner de leur sympathie à l'égard de la famille, ce qui les rend moins difficiles, moins éprouvantes. En ce douloureux moment, Jérôme et Enrique se sont occupés de toutes les formalités. Cette affreuse maladie, à l'époque ne pardonnait pas, de nos jours les choses ont évolué, la Science, nos chercheurs ont fait d'énormes progrès. La chirurgie, les traitements font des miracles, pas encore assez bien sûr pour pouvoir vivre sans inquiétude... J'étais très fatiguée, Il est vrai que j'étais enceinte, c'était le début, cela ne se voyait pas encore. Cet enfant, je le souhaitais tellement, mais la priorité avait été la maladie de Papa. C'est certain que ma grossesse m'a aidé à passer les mois suivants, à surmonter mon chagrin. Enrique aussi m'a beaucoup aidé, s'inquiétant de ma santé. Heureusement nous étions tous très unis.

C'est dur d'affronter le quotidien après une épreuve pareille. Certains jours, c'était difficile, comment oublier son sourire? Et puis, j'ai repris mon travail au bureau, chefs et collègues ont trouvé les mots qu'il fallait, simples, pour m'aider et me réconforter. On n'avait pas encore inventé le soutien psychologique!

Ma jeune collègue, une Sophie à l'accent chantant d'Avignon, avait toujours travaillé près de moi. Elle m'annonça en m'embrassant qu'elle attendait un bébé, quelle joie lorsque je lui dis que c'était aussi mon cas. Oh! Il n'était pas question de garder cette nouvelle secrète, ce fut pour tous un moment de détente. La gentillesse de mes collègues dès mon retour au travail m'a été salutaire. Cela m'a beaucoup aidé, m'incitant petit à petit à délaisser mes vêtements sombres. Je constatais que ceux qui étaient proches de moi m'aimaient. Pour eux, je pouvais de nouveau sourire...

Au bureau, offert aux futures mamans, nous pouvions bénéficier d'un temps de détente, ce qui nous permettait, ma copine Sophie et moi-même d'en profiter. Nous allions, dans l'après-midi, à la cantine pour quelques douceurs. Les femmes de service nous gâtaient, bien sûr, dans notre état, personne ne devait nous contrarier!

Et puis, nous avions les traditionnelles « envies », nous avons fait une cure de yaourt; c'étaient les nouveaux yaourts « aux fruits » dans ces petits pots en verre. L'épicier à côté, dans la rue connaissait nos goûts. Bien souvent, c'était une collègue qui sortait, avec l'approbation de nos chefs et achetait pour nous ces petits pots. Le temps passait, dans l'ambiance du bureau. Les collègues racontaient les derniers potins.

Bien que travaillant dans la même Société, dans la journée, je voyais rarement Enrique. Nous ne déjeunions pas à la même heure, Le soir, on se retrouvait dans notre petit logement, près de nos charmants voisins.

Le cinéma

Je faisais des efforts pour surmonter mon chagrin, la vie continuait autour de moi! On se voyait souvent avec la famille et les amis.

Distraction de fin de semaine

Le temps passait, un soir, un vendredi, nous avons décidé, Enrique et moi d'aller voir un film à « l'Eden ». C'était un petit cinéma de quartier. À l'époque il y en avait beaucoup. C'était très convivial, comme on dit à présent. Oh ce n'était pas un palace. On s'installait, aidés par une « placeuse » à qui l'on donnait un « pourboire ».Quand on arrivait en retard, nous étions guidés par elle, cette fois munie d'une lampe électrique, dans l'obscurité, à la recherche de places libres. Au début on nous présentait des publicités, souvent sur un « rideau-réclame », un rouleau qui descendait devant l'écran. On y trouvait des annonces, la plupart du temps locales. On passait le temps d'attente en jouant aux « devinettes ». On donnait la première et la dernière *lettre d'un nom, d'une raison sociale et pour gagner, il fallait être le premier à trouver le nom choisi!*

Quand c'était trop dur, on donnait quelques indications! Ensuite, « l'écran pub » se roulait et laissait place à des informations d'actualité, tout cela présenté par: « Jean Mineur ». Contemporains de cette époque, qui ne se souvient pas du petit bonhomme avec son pic et du fameux N° de tel : Balzac, zéro, zéro, zéro, un.

Ce numéro de téléphone était repris par toute la salle qui le connaissait « par cœur! »

Puis c'était l'entracte, avec quelques fois une petite attraction et le passage d'une vendeuse de sucreries, d'esquimaux « Gervais ». Et enfin, c'était le film C'est vrai que certains soirs c'était assez bruyant! Il était interdit de fumer (pas souvent respecté). Les spectateurs pendant le film, faisaient des commentaires, drôles, parfois avec beaucoup d'humour et la salle en riait!

On entendait des chuchotements et des réclamations demandant le silence!

Parfois notre petite « placeuse » intervenait, cherchant dans les rangs les perturbateurs avec sa « pile électrique ». Les « agitateurs », souvent des jeunes, n'insistaient pas, satisfaits d'avoir fait leur petit numéro! Le silence revenait. Cette bande joyeuse satisfaite de sa soirée, en contrepartie de sa gentillesse, n'oubliait pas de donner à la « placeuse », comme tous les autres (ou presque), une petite pièce, en complément de son salaire.

Nos sorties étaient limitées, Enrique travaillait presque tous les samedis. Il avait fait « entrer » notre ami Zach dans notre entreprise où il obtiendrait un meilleur salaire. Il l'avait présenté sans problème en faisant valoir ses capacités. Ils faisaient le trajet Aubervilliers/Levallois, en vélo, tous les deux. C'était une façon d'entretenir leur forme et leur complicité... De vrais Amis!

Pour moi, la routine, comme pour toutes les femmes qui travaillent, c'était: en semaine le travail et le Samedi, le ménage, les courses... pour pouvoir disposer si possible du Dimanche.

Tout de même, mon futur bébé nous donnait du souci, j'avais beau me regarder de profil... Rien de spectaculaire! Mon docteur m'a fait une lettre pour aller voir un confrère à l'hôpital, afin de disposer d'un autre avis. Cette visite a été pour moi, une rude épreuve. En entrant dans le cabinet du médecin, avec une infirmière, j'ai vu des paires d'yeux fixées sur moi. J'ai compris, il s'agissait de futurs médecins et ils allaient assister à la consultation. J'étais paniquée malgré leur gentillesse et les paroles apaisantes. J'aurais voulu pouvoir ressortir du cabinet.

Ensuite, j'ai entendu le docteur me demander si je voulais garder le bébé, il pensait que je ne pourrais pas aller au bout de ma grossesse et s'inquiétait pour moi, pour ma santé. Alors là, c'était trop et les larmes sont venues, mettant tout le monde dans l'embarras... Le docteur, patient, me comprenant me dit que si je menais ma grossesse le plus loin possible il n'y avait pas d'inquiétude à avoir, mon bébé serait un bébé sans problème, tout à fait normal...

Alors, je le voulais ce bébé... Il comprit ma réaction et en me regardant en souriant il me dit en me raccompagnant: « Revenez me voir, si vous le souhaitez! »

Plus tard, Maman m'a accompagnée pour une visite, à la clinique où je devais accoucher, elle était très inquiète. Elle a voulu que nous venions habiter chez elle au pavillon. Elle craignait quelques problèmes!

L'arrivée du bébé

Pourtant, j'ai travaillé jusqu'au bout. C'est en août 1954 qu'Enrique est allé prévenir Jérôme (qui demeurait dans une rue voisine). C'est en voiture que tous les deux, ils m'ont conduite à la clinique. Le bébé arrivait avec un peu plus d'un mois en avance.

La naissance de notre fils

Il était deux heures du matin, il n'y avait qu'une seule jeune sage-femme, qui bien sûr ne m'attendait pas! La suite fut pour elle et moi, un problème, elle ne pouvait pas m'amener en salle de travail, donc j'accoucherai dans mon lit!

Elle paniquait cela se compliquait. Elle essayait de contacter un médecin par téléphone. Puis elle m'a fait une piqûre pour accélérer le travail, elle continuait à téléphoner, cela allait être un accouchement à sec, pour moi, c'était l'angoisse. Dans la chambre, il y avait une jeune accouchée qui assistait inquiète au déroulement des opérations. L'infirmière me mettait le masque à oxygène, je pensais que j'allais mourir...

Le bébé est arrivé vers huit heures du matin, mais avec le cordon autour du cou et la jaunisse; mais sûrement qu'il voulait vivre, il a poussé le cri libérateur! Il était tout petit, un kilo neuf cent quatre-vingt grammes. Dans la famille, je sais, on doutait de sa survie, mais pas moi, je savais depuis son premier cri qu'il vivrait! Vu les circonstances de l'accouchement, j'étais un peu déchirée. Le bébé m'a été enlevé rapidement afin de lui donner les premiers soins.

Le médecin est enfin arrivé, avec une infirmière, on peut dire « après la bataille ». La jeune femme présente dans la chambre, elle, s'en souviendra! Je ne pouvais pas nourrir le bébé, pas de lait! Une jeune accouchée en avait trop, c'est mon bébé qui en a profité. Aussi, je peux même penser que c'est cela qui l'a sauvé.

Il a été mis en couveuse quelques heures, deux docteurs, présents, n'était pas d'accord sur cette nécessité. Nous étions au mois d'août, il faisait chaud. Au sortir de la couveuse on l'a mis dans son lit et malgré la chaleur ambiante, avec des bouillottes d'eau chaude pour ne pas risquer un refroidissement! Il était près de moi, je pouvais le regarder, glisser mon petit doigt dans sa petite main qu'il serrait doucement. Mais, j'avais été mal « délivrée » et j'avais de la température. « Trop de visites! » Disaient-ils.

Il me fallait de la glace sur le ventre et vu la chaleur, c'était rapidement de l'eau chaude! Pour le bébé par contre, l'eau refroidissait et devenait vite moins chaude. Je devais appeler une infirmière pour vérification. Que de négligences! J'étais inquiète, il était si petit mais si beau à mes yeux! J'avais demandé à voir la maman qui nourrissait mon petit et par les infirmières, je lui avais fait un cadeau. Elle n'est pas venue, puis elle a quitté la clinique. Un matin l'infirmière a voulu que je tire mon lait. Heureusement le docteur est arrivé, en voyant ce qui se passait, il l'a traité d'incapable! Je n'avais pas de lait, c'était impossible et douloureux. Mon bébé a donc eu son premier biberon de lait en boite. Comme il était très lent à avaler, on ne m'a pas laissé le faire moi-même. Le matin au moment de la toilette des bébés, ils criaient tous très fort, mais lui, je savais quand c'était son tour, il pleurait aussi, mais comme un petit chaton. J'étais tellement contente de l'entendre et puis, il poussait très bien, il voulait vivre!

Après plusieurs jours, voyant que pour moi rien ne s'arrangeait, il a été décidé par Enrique et la famille de me sortir de cette clinique où il y avait trop de négligence, d'incapacité, de laisser-aller. Tout a été très vite. Enrique avait vu le médecin pour lui dire qu'il souhaitait me voir quitter la clinique, il n'y avait pas d'amélioration de mon état, j'avais toujours de la température. Jérôme, accompagné de Maman est venu me chercher en voiture; il m'a dit en me faisant la bise: « Tu sors aujourd'hui»! Ils avaient signé une décharge de responsabilité à la clinique avec les raisons de cette sortie anticipée. C'est avec mon bébé dans les bras de Maman, ce petit « chaton » de deux kilos et cent-dix grammes que nous sommes partis. Le docteur n'avait fait aucune difficulté pour nous laisser sortir, le bruit courrait qu'il avait de sérieux ennuis avec la Sécurité-Sociale. Il y avait sans doute du vrai dans cette rumeur, par la suite, ce docteur a fait de la prison.

J'étais très contente d'être revenue vivre au pavillon avec Maman et Sophie, j'étais soulagée. Maman avait prévenu le jeune docteur, celui qui avait soigné Papa. Il a diagnostiqué tout de suite une grosse infection. Par la suite, il est revenu souvent et fait le nécessaire pour me guérir et me remettre en forme. Heureusement, Maman était là pour s'occuper du bébé, il n'avait pas encore perdu son cordon ombilical et j'avoue que j'avais peur de lui faire mal en le changeant. Le docteur m'a dit que je pouvais « attaquer » la clinique en justice, j'avais l'impression que ce serait: « le pot de terre contre le pot de fer », je n'ai rien fait.

Puis, il a voulu qu'on lui redonne du lait maternel. Tous les jours, Enrique allait chercher, les sept biberons préparés et dosés pour l'âge et le poids du bébé; je ne me souviens pas où? Enfin, nous avons repris tous les trois le chemin de notre logement sous les toits. Il était soudain devenu plus petit, avec bébé dans son joli petit berceau, qu'heureusement, on pouvait déplacer facilement. Enrique avait déclaré notre fils dès sa naissance et nous l'avions appelé: Daniel! Il était si petit que souvent je disais encore: « mon bébé ». Il avait pris et gardé, en quelques jours, de mauvaises habitudes. Il prenait la nuit pour le jour; lorsque, enfin il a choisi de dormir, comme nous, la nuit, c'était moi qui allais le voir, le réveiller pour m'assurer qu'il respirait toujours! Oh! Il se rendormait très vite, mais pour moi, c'était plus long; Pour Enrique aussi, parce qu'il se levait de bonne heure et très gentiment me faisait reprendre le chemin du lit, c'est vrai, je dormais peu!

Les jours passaient, je ne devais pas sortir Daniel, il était si mignon et surtout, il dormait bien .Pour lui faire prendre ses biberons, c'était toujours très long, sept biberons par jour, c'est beaucoup. La journée commençait très tôt et finissait très tard! Cela me fatiguait beaucoup, je n'avais pas assez de sommeil et puis le linge de bébé à laver, ce n'était pas facile. Il n'y avait pas de couches jetables comme maintenant. A cette époque, les bébés étaient « langés », c'est-à-dire emmaillotés dans des langes en coton et en laine. C'était pour maintenir le corps et jambes bien droits.

Il y avait aussi les « brassières », enfin tout ce qui était nécessaire. Cela faisait beaucoup de lessives; J'avais pour son linge une petite lessiveuse pour faire bouillir, mais le plus difficile, c'était le séchage.Dans notre petite cuisine, le soir on tendait un fil et on « pavoisait! » Le linge, sur ce fil nous procurait un décor changeant en fonction de la nature des pièces étendues. Nous n'avions pas d'autre solution, comment faire? Je finissais de sécher les langes sur le radiateur de chauffage central. De telles situations existent encore, c'est le problème des « mal logés ». Je pense que les architectes ont manqué et manquent encore de discernement, de clairvoyance en n'envisageant que rarement le problème du séchage du linge dans les logements collectifs! Bien sûr il est possible maintenant d'acheter un sèche-linge électrique mais cela reste coûteux à utiliser et prend de la place.

Je ne pouvais toujours pas sortir Daniel! Ma voisine, Gabrielle, me poussait à sortir pour me changer les idées, pendant ce temps, elle veillait sur Daniel. J'avais de gentilles voisines, elles venaient voir le bébé et c'était toujours un plaisir de pouvoir bavarder un moment. Daniel, à trois mois avait repris le poids d'un bébé de son âge. Il était vraiment beau avec ses yeux bleus; c'était le mien! Toute la famille venait le voir et bien sûr Sophie aussi, elle lui donnait son biberon. Daniel était passé du lait maternel au lait « Guigoz-Alma » il avait droit maintenant à six biberons par jour.

Parfois, Sophie l'installait sur un lange, sur la table de la cuisine et là, c'était la grande inspection. Tout y passait, de la tête aux pieds, avec beaucoup de douceur. Daniel gazouillait, gigotait, Sophie procédait alors à sa toilette en lui expliquant ce qu'elle lui faisait. Il la regardait, souriait ou riait, on avait l'impression qu'il comprenait. C'était un moment magique, et je me souvenais alors, Sophie, ma « Doucette », en te regardant faire les mêmes gestes que j'avais eu pour toi, avec la même tendresse, quatorze ans plus tôt ! Daniel grandissait, mes collègues de bureau m'avaient offert une très belle voiture (landau) pour le bébé et beaucoup de

« layette », nous avions été très gâtés. A présent, je pouvais sortir et malgré la saison, on profitait des jours de soleil pour aller promener, ne serait-ce qu'une heure! Quel trafic il fallait faire! La voiture était au rez-de-chaussée dans un local, je devais descendre la préparer puis remonter chercher Daniel, qu'en attendant j'avais coincé dans son berceau avec des coussins, tant j'avais peur qu'il se retourne, pendant mon absence. Je n'étais jamais tranquille! Puis je redescendais, cette fois avec lui. Heureusement, il y avait l'ascenseur, parce ce que, c'était la même chose en sens inverse, au retour.

Ces va-et-vient généraient un peu de fatigue, c'est vrai, mais nous avions besoin l'un et l'autre de ces sorties. Certains jours, j'allais jusqu'au pavillon, voir Maman, Sophie et aussi Irène. Jérôme, pendant la semaine, montait à leur appartement quelques minutes pour faire la bise. C'était toujours très agréable, on parlait de tout et de rien! On échangeait simplement les nouvelles du quartier. On commentait les informations que j'entendais sur mon poste de TSF. Je voyais aussi Zach, mais surtout Jackie son épouse. Anne, était devenue une jolie petite fille et nous étions tous très heureux de pouvoir bavarder. Nos vies avaient changé, nous nous rencontrions moins souvent. Au cours de ces journées, ces soirées, on oubliait les choses désagréables de la vie, la bonne humeur était de règle, même, c'était une obligation. Nous n'allions plus au cinéma, le soir on évitait les sorties. Daniel était devenu le « pivot » de notre nouvelle vie, tout simplement, tout allait bien!

Et puis un jour, j'ai vu arriver avec beaucoup de plaisir, ma copine Sophie, ma complice du bureau, celle des moments difficiles ou heureux. Elle était accompagnée de Marie-Jeanne, une autre collègue. Elles étaient venues en voiture. J'ai retrouvé son accent chantant du midi; elle venait me présenter sa «pitchoun» et voir mon « chaton ». En les voyant si beaux tous les deux, en riant, nous avons même imaginé pour plus tard, leur mariage!

Nous avons passé, toutes les trois, des heures à revivre, évoquer nos souvenirs les plus drôles, nous avions tellement de choses à nous raconter! Puis nous nous sommes quittées, heureuses de cette journée... Mais, va savoir pourquoi, le plaisir est souvent mouillé de larmes, Sophie repartait vers sa famille, en Avignon; nous savions que de nombreux kilomètres allaient nous séparer...

Le temps passait, c'était la mauvaise saison, les sorties étaient limitées. Pendant que Daniel dormait, je lisais, j'écoutais la TSF, doucement pour ne pas faire de bruit; il y avait souvent de belles histoires ou des retransmissions de spectacles, parfois je tricotais. C'était reposant. Tous les jours, j'avais des visiteurs, j'appréciais beaucoup ces instants-là, ça coupait la monotonie de la journée, en attendant le retour d'Enrique. A cette époque, comme beaucoup d'autres nous n'avions pas encore de téléphone.

Tut de même, quelle belle invention, maintenant nous pouvons communiquer, pour un « oui », pour un « non » avec ceux qui nous sont chers et qui parfois sont au loin. Mais en sommes-nous toujours conscients? C'est devenu tellement banal! Et la recherche, qui conduit à de nouvelles inventions... Toujours plus! Enfin, moi qui ne peux plus me déplacer facilement, j'en profite! Pour moi, c'est primordial! Depuis quelques mois mes Beaux-Parents avaient mis en route un projet qui leur tenait à cœur, ils avaient acheté un petit terrain à Bobigny. A cette époque, c'était encore presque la campagne! Leur idée, c'était de construire une maison pour la famille. Je connaissais bien l'endroit, c'était près du lieu où Papa avait eu son jardin.

Ce terrain était situé, pas très loin, face aux bâtiments du journal « l'Illustration ». J'avoue que j'ai essayé de leur faire comprendre que mon rêve n'était pas celui-là. On m'a expliqué, ce que je comprenais très bien, les avantages de cette maison, construite en commun, tous participant financièrement et ensuite partageant les frais. Du point de vue des dépenses, ce serait une bonne solution, nous étions tous assez mal logés avec des moyens modestes. Les plans avaient été réalisés et acceptés selon ce qui avait été demandé. Les travaux ont commencé. C'était une maison de deux étages, le rez-de-chaussée réservé pour mes Beaux-Parents et j'avais eu le droit de choisir notre étage! Je n'étais pas dupe...

Je n'avais pas envie de lutter contre la « tribu de mon époux »; Enrique, en m'embrassant me promettait une maison bien à nous deux...

Construction et solidarité

Je passe sur tous les problèmes qui interviennent pendant la réalisation d'un tel projet. Je connais dans la famille ceux qui peuvent, d'expérience, en parler: Jérôme, Patrice, Christophe, Loïc (frères, beau-frère, neveu).

Les « bâtisseurs »

A cette époque, Enrique et son frère Alfred, après avoir repris leurs études et passé les concours nécessaires, étaient devenus tous les deux professeurs dans un lycée technique.

Ils ont mis leur savoir et leur courage à rude épreuve et ont acompli du beau et bon travail.

Ils ont aussi sollicité l'aide et la participation de leurs amis qui étaient dans diverses branches de la construction.

C'est ainsi qu'ont été réalisés les plâtres, les carrelages, le montage des fenêtres et des portes, la plomberie, le chauffage, l'électricité. Et j'en passe, enfin pour tout ce que nos hommes ne pouvaient faire eux-mêmes. C'est ainsi que fut aussi installé un bel escalier en bois.

Cela c'était du travail de « professionnels ».

Mais Enrique son frère et leur père n'ont pas eu peur de s'attaquer à la pose des parquets, à la fabrication des grilles et appuis de fenêtres en ferronnerie et bien d'autres choses. Pour eux qui travaillaient en semaine, c'étaient de gros et fatigants travaux. C'est ainsi qu'ils passaient leur « Week-end » à l'époque.

Lorsque mes beaux-parents ont emménagé, il n'y avait que le minimum de confort.

Rien n'était encore fait dans les étages.

Nos économies passaient dans les sacs de ciment, de plâtre et le reste. Là aussi il était important de bien gérer les dépenses pour éviter les emprunts et surtout ne pas se décourager.

Il fallait avoir aussi « la santé », mais ils ont tenu et pourtant ce fut long.

Je suis malade

Au cours de la construction, mes beaux-parents avaient donc emménagé et nous, nous étions encore dans notre septième étage. Enrique se posait beaucoup de questions sur ma santé, il me voyait toujours aussi maigre et me forçait à manger.

C'est vrai, j'étais fatiguée, j'avais un rhume qui durait trop, j'avais de la température. Le médecin m'avait donné des médicaments, c'était la mauvaise saison.

L'inquiétude

Je m'inquiétais pour Daniel, j'avais peur de lui passer mon rhume. Un soir que je respirais très mal, Enrique me demanda de retourner voir le docteur, il a insisté pour qu'il m'envoie passer une radio des poumons. J'ai pris rendez-vous à la clinique de « l'Orangerie » à Aubervilliers.

La radio faite, le radiologue est venu me voir en me disant de ne pas m'attarder. J'avais une pleurésie, avec un épanchement. Il m'a même proposé de me *faire raccompagner. Une chance, je n'étais pas contagieuse! Il m'annonça qu'il adressait un courrier à mon docteur et que lui, m'expliquerait exactement le traitement approprié. Ce dernier est venu à la maison le soir même, il semblait très contrarié par le résultat de l'examen, il comprenait notre désarroi. Il me fit une première piqûre, m'expliqua qu'il faudrait en faire deux par jour et me prescrit les autres médicaments nécessités par mon état. Je devais garder le lit et ne plus m'occuper de Daniel pour ne pas me fatiguer. Comment faire face si vite? Il avait encore besoin de beaucoup de soins. Le moral en avait pris un coup.*

Enrique, le lendemain a demandé un congé pour s'occuper de lui en attendant de trouver une solution; notre voisine est venue aux nouvelles. Elle s'est gentiment proposée pour garder notre fils pendant l'absence d'Enrique et pourtant elle travaillait ce jour-là! Puis Enrique a fait « Nounou » et « garde malade ». Il s'occupait de Daniel pour les couches, la toilette, les biberons, enfin tout ce que demande un bébé. La famille a été prévenue, Jérôme et Irène sont tout de suite venus, ils ont proposé de prendre Daniel avec eux pour le garder. Jérôme m'a dit: « Ne te fais pas de soucis, avec Irène, on va se débrouiller!»

Jérôme était à ce moment-là commercial et Irène travaillait dans la couture, à domicile pour des clientes particulières. Nous avons accepté leur offre. Jérôme me racontait que lorsqu'il était là et qu'Irène était occupée avec une cliente, il prenait Daniel sur un bras et préparait le biberon de l'autre et parfois Daniel braillait, trouvant que cela n'allait pas assez vite. « Tu te rends compte! » me disait-il. Ensuite, il m'a confié avoir tous les deux passé de bons moments. Quand cela lui arrivait de pleurer un peu, la nuit, ils le prenaient dans leur lit en le mettant entre eux deux. Ça lui plaisait sûrement... il se rendormait. Dans la journée, une tante d'Irène venait aussi le garder. Un peu après, ce sont Zach et Jackie qui l'ont pris chez eux. Oh! Il était choyé et bien soigné, passant de la famille aux amis. Je savais tout cela, mais il me manquait tellement!

Je me faisais du souci, j'avais passé tant de temps à lui prodiguer tous les soins nécessaires à sa condition de prématuré. Maman avait fait ce qu'il fallait pour moi, mais elle avait trouvé un travail chez un médecin. Sophie allait encore au collège. Je crois que voyant la situation, c'est pour cela qu'après avoir passé son brevet, elle a interrompu ses études pour aller travailler. C'est pour cela aussi que mes beaux-parents, à leur tour, ont pris Daniel avec eux pendant ma maladie. Daniel était si petit à sa naissance! Mais tous les jours j'avais des nouvelles rassurantes. Mon traitement était très long, j'avais beaucoup de liquide dans la plèvre. Le docteur ne savait plus où me piquer, c'était très douloureux.Enrique était fatigué, le moral, son travail, Daniel et un peu la maison... Il ne savait pas encore que j'allais devoir partir en convalescence à la campagne.

Le médecin a fini par lui parler de ce départ et tous deux, pour me convaincre m'ont fait croire que j'allais partir pour trois semaines, dans l'Eure dans une maison de repos. Donc, mes beaux-parents allaient se charger de Daniel pendant mon absence. Ils savaient, eux, que je partais pour plus longtemps. J'avais du mal à accepter cet éloignement, mais le médecin était catégorique, je devais partir!

Savoir que Daniel allait chez ses Grands-Parents me rassurait, Enrique pourrait le voir souvent. Mais pour eux, le bébé allait bouleverser leur vie. La séparation fut une épreuve difficile pour toute la famille. Enrique m'a accompagnée, nous sommes allés en train jusqu' à Bernay, puis nous avons pris un petit car pour arriver à destination. En cours de route, Enrique demanda au chauffeur le nom de l'arrêt où nous devions descendre. « C'est le Préventorium », nous a-t-il dit. Puis regardant mes bagages, il a ajouté un mot gentil: « Bonne chance Madame! »

C'était le car d'une ligne régulière et lorsque nous sommes arrivés à l'arrêt, La directrice du centre était là, elle m'attendait pour me souhaiter la bienvenue. Elle avait reçu un courrier de mon médecin qui l'informait que pour faciliter ma décision de départ, il ne m'avait pas parlé de la durée réelle du séjour J'ai compris en descendant du car que ce n'était pas vraiment une maison « de repos ». Mais, ce Préventorium s'appelait « Le Repos! ». Dans son bureau, la directrice m'a informée que j'étais là pour trois mois!

Malgré les explications, je ne voulais rien entendre, je pleurais et voulais repartir avec Enrique.

Trois mois, pour moi, ce n'était pas possible. Très patiente, elle m'a fait prendre conscience de mon état de santé, puis elle m'a proposé de voir ma chambre. Elle avait demandé qu'elle soit proche de celle d'une jeune femme arrivée quelques jours auparavant. Elle nous a présentés à Lucie et m'a dit: « Jackie, je suis certaine que vous allez devenir deux amies! ». Lucie m'a pris les mains en m'embrassant gentiment, elle aussi, les larmes aux yeux. Elle se souvenait, du jour de son arrivée, c'est certain!

Les formalités étant faites, nous étions seuls, Enrique séchant mes larmes, me réconfortant. Je le voyais tellement désemparé que j'ai voulu le raccompagner jusqu'à l'arrêt du car. Il ne voulait pas et la directrice était là, me prenant dans ses bras pour m'empêcher de le suivre en me disant que ce serait trop dur, pour nous deux.

Ce fut une journée riche en émotions... Puis Lucie est venue près de moi pour m'expliquer comment allait être ma vie, ici, pendant ces trois mois. Une cloche s'est fait entendre, émettant pendant quelques instants des notes agréables. Cette cloche me dit Lucie, organise et rythme notre vie et nous indique quand faire ce qui est nécessaire et prévu pour notre bien, pour notre santé. Elle sonne pour le lever, le coucher, la sieste, enfin pour tous les moments importants de la journée. « Ne t'inquiète pas », me dit-elle, « tout se passe très bien ». Puis, nous sommes allées dans une grande salle, pour le souper. J'étais très surprise de voir rassemblées toutes ces femmes.

La directrice était là et très gentiment elle m'a présentée; on m'a souhaité la bienvenue, j'imaginais leurs commentaires. Je me sentais perdue et puis Lucie m'a guidée vers une table où se trouvaient trois jeunes et souriantes jeunes femmes. C'étaient ses amies, toutes différentes mais toutes là pour une seule raison: leur santé. Donc nous étions cinq à cette table, trois étaient mariées, deux étaient célibataires.

Ce soir-là, au souper, il n'y eu pas de questions indiscrètes. Elles comprenaient que pour moi tout était difficile! En quittant la salle à manger, il faisait beau, nous sommes allées faire un petit tour dans le parc. Il était bien entretenu, avec de beaux arbres, des fleurs et beaucoup de bancs le long de grandes allées. C'était un vrai plaisir pour les yeux et pour le moral. Mariette, la plus jeune a détendu l'atmosphère, elle était drôle et malicieuse. Puis la cloche nous a fait savoir que la journée se terminait et c'est tranquillement que nous avons regagné nos chambres, toutes sur le même pallier. Avant de nous quitter, nous nous sommes fait la bise en se disant: « Bonne nuit, à demain ».

On entendait, à ce moment-là, encore beaucoup de bruits dans les étages, des rires et les dernières paroles de la journée. Après trois quarts d'heure bien à nous, la cloche sonnait pour l'extinction des lumières dans les chambres et le calme revenait.

Le lendemain matin, nous nous sommes retrouvées pour le petit déjeuner, toutes les cinq. La directrice a fait une brève apparition, nous a souhaité le bonjour et une agréable journée.

Pendant tout le repas, il y avait dans la salle des assistantes sociales collaboratrices des médecins et nous pouvions poser toutes les questions qui nous semblaient nécessaires. Surtout, elles étaient là pour veiller sur notre santé et notre moral. Elles étaient parfaites et attentives à nos soucis, à nos chagrins. Certains jours l'une d'elles s'invitait à notre table. Le petit déjeuner est arrivé sur notre table, pas du café au lait... mais du bouillon de légumes et des tartines beurrées! Alors, regardant mon bol de bouillon, je me suis revue en 1939, lorsque fuyant l'invasion allemande, les enfants d'Aubervilliers avaient été évacués en province et que j'étais arrivée au « Pussou » cet ancien manoir qui nous avait hébergés. Ce n'était pas un très bon souvenir! Mais là, nous étions cinq filles, déjà amies, complices pour traverser ces moments difficiles, éloignées de notre famille. La situation n'était pas la même... Comme j'avais marqué un temps d'arrêt, devant mon assiette, les filles me regardaient. Alors j'ai raconté ce que j'avais vécu environ seize ans avant et qui ressemblait si étrangement au présent.

Pour toutes, le passé a refait surface et c'est en l'évoquant, il était parfois drôle, que nous avons ensuite quitté la salle, éloignant ces pensées. Sur sa demande, je suis allée voir l'assistante sociale. Elle voulait me mettre au courant de toutes les conditions de vie au « Prévent », les obligations et aussi de ce qui existait afin d'agrémenter notre séjour.

Une fois par mois la visite du mari était autorisée. Enrique arrivait l'après-midi par le petit car. « Le bonheur! » Il apportait avec lui des nouvelles fraîches de mon bébé et de toute la famille. Je réservais une chambre et le repas au petit hôtel de Beaumesnil, nous profitions au mieux de ces quelques heures qui nous étaient accordées. Mais, au moment du départ, la séparation était douloureuse, une épreuve... Pour nous deux! Je rentrais pour le souper, le cœur lourd. Les filles étaient là, elles me souriaient et je comprenais que je devais vite réagir. Nous étions toutes « logées à la même enseigne! »

Quand les parents de Lucie venaient, sur leur demande, on me permettait d'aller prendre le dessert avec eux au restaurant.

Jérôme m'avait promis une visite, quel plaisir quand un jour, il arriva en voiture, avec Irène et leurs amis Raoul et Jackie (encore une).Très charmeur, très persuasif Jérome avait trouvé les arguments pour convaincre la direction de m'accorder une dérogation pour passer quelques heures avec eux. Je me souviens qu'il faisait très beau, nous sommes allés déjeuner au bord de la mer, quelle belle journée, que de moments agréables.

Comme promis, je suis rentrée au « Prévent » pour le souper. J'avais été gâtée, et puis Jérôme avait fait le nécessaire pour remercier la gentille assistante sociale qui avait autorisée l'escapade. Elle en avait gardé, m'a-t-elle dit, un agréable souvenir, elle avait ce jour-là bavardé avec tout le monde avec un réel plaisir. Merci Jérôme... Nous avons tous passé de mauvais moments, mais tu as toujours été là, près de moi pour me remonter le moral. Quand il était au plus bas, bien souvent tu as trouvé la solution pour m'éviter de nouveaux tracas.

Non, je n'ai pas oublié... Tu avais aussi été présent pour aider Papa et Maman quand le besoin s'en est fait sentir! La vie continuait, rythmée par la cloche qui nous rappelait en permanence le règlement. Nous pouvions sortir tous les jours pour une ballade dans la campagne accompagnées par une assistante sociale. Nous allions de temps en temps nous promener, avec la permission du propriétaire, au château de Beaumesnil, il était très beau. Sur notre petit groupe de cinq filles, Mariette et moi, nous étions toujours partantes. On se retrouvait avec d'autres filles, pas toujours les mêmes, c'était comme une récréation, une détente. Il y avait des « fous-rires », des confidences, certains récits étaient très drôles et parfois même, surprenants.

Certaines se relâchaient, éprouvant le besoin de raconter la façon dont elles vivaient à la campagne. Pour certaines, c'était la première fois qu'elles quittaient leur maison et le « Prévent » pour elles, c'était un grand changement, presque des vacances, voire la liberté, quel plaisir de les entendre, de les écouter nous raconter les choses de la vie, dans leur dialecte, leur patois régional ; c'étaient de vrais moments de rire et de complicité. Le destin nous avait réunies? Si différentes, nous nous retrouvions toutes à cet endroit. A un moment de notre vie, pour la même raison, notre santé, il nous avait fallu venir là !

Nous arrivions d'un peu partout, de tous les départements, du fin fond de la campagne, du cœur d'une grande ville ou de sa banlieue, avec des situations très différentes: sociales, familiales, financières. C'était un vrai brassage des cultures... Et pourtant, nous avons vécu en harmonie, on peut le dire! Ce fut pour moi une belle expérience.

Une fois par mois, nous avions aussi le plaisir de pouvoir sortir seules en ville, à Bernay et ces matins-là, je déjeunais à la cuisine. J'étais gâtée, on me servait un bol de café avec mes tartines beurrées et de la confiture. Enfin quoi, c'était bombance, « du café! » On profitait toutes les cinq, toujours unies, des journées que l'on voulait plaisantes et gaies. Mise à part la sieste, qui était une obligation, on occupait nos journées avec des jeux. Il y avait aussi une très belle bibliothèque. On cousait ou tricotait On courait dans les allées du parc et même parfois, on chantait. Il arrivait aussi que l'on pleure! Le Papa d'Odette était restaurateur, et lorsqu'il venait, il apportait à sa fille ou parfois envoyait (par la poste)... des douceurs! Odette partageait avec nous. Son père le savait et lorsqu'elle déballait son colis, on avait souvent la surprise d'y trouver cinq petits paquets qui nous étaient destinés.

Il n'oubliait jamais le fromage. Ce jour-là, le midi, à table, on chipait quelques tartines de pain et ensuite, avec notre larcin on filait. Oh! « Le bonheur n'était pas dans le pré », mais dans un coin isolé du parc, où, comme des gamines, en riant, complices... On dégustait notre pain et fromage. Dans le fond, c'est peut-être tout simple le bonheur, même avec simplement une tartine de fromage! Tout cela, parce que nous n'avions que deux fois par semaine, du fromage au menu. Cela créait des envies.

Le temps passait, certains jours on laissait notre imagination reprendre le pouvoir. Un jour, voyage offert pour celles qui le souhaitaient, nous sommes allées toutes les cinq à Lisieux. Cette sortie en car fut très agréable, nous étions heureuses pour cette occasion de quitter pour la journée, notre routine.

J'avais de bonnes nouvelles de la famille et de mon bébé, Je pensais déjà à mon retour, mais j'avais encore quelques inquiétudes, c'est normal. Dans peu de temps, comme assez souvent, je devrai rencontrer le docteur pour une visite médicale de contrôle. Je savais aussi qu'il aurait entre les mains les appréciations du personnel soignant, des infirmières. Elles étaient compréhensives, discrètes, mais ce jour-là, le bon docteur n'était pas satisfait de mon état de santé, malgré le traitement prescrit, je n'avais pas pris un gramme! Pour lui, j'étais encore trop faible et il le souhaitait, Je devais... prolonger mon séjour! Pour moi, ce fut « la douche froide », je n'attendais que ça, le jour où je pourrais quitter « Le Repos ».

Je lui dis que je me sentais bien et qu'il n'était pas question que je reste, que mon mari ne supportait plus cet éloignement, je le sentais et le savais d'après ses lettres. Lorsqu'il venait, nous étions heureux, enfin presque, parce que le lendemain la séparation gâcherait cette belle journée. Ce qui n'allait pas, c'était le moral des deux! Je comprenais bien l'état d'esprit d'Enrique. Souvent confronté à cette situation, le bon docteur, comprenait bien les problèmes créés dans un couple par l'éloignement.

Il a voulu voir Enrique. Il souhaitait lui expliquer que ma santé était encore fragile, que j'avais besoin d'un bon moral et encore de beaucoup de repos. Enrique est venu et lui a expliqué qu'il voulait me voir sortir et qu'il avait trouvé une location pour trois mois dans la Nièvre, à la campagne.

C'étaient les vacances scolaires et nous pourrions passer les deux premiers mois ensemble, près de la maison de nos amis qui nous avaient trouvé cette petite maison toute simple. Pour le mois suivant, mes Beaux-Parents viendraient avec Daniel, ce qui serait le meilleur moyen d'améliorer le moral. Le médecin, sous réserve que je séjourne à la campagne, impérativement, pas en ville, a été d'accord.

La promesse a été faite et j'ai quitté le « Prévent ». Les adieux furent éprouvants, surtout avec mes amies. En joignant nos mains, on s'est promis de ne jamais oublier. Impossible de ne pas se souvenir de ces moments.

Cela va faire soixante années et je revis encore ces bons et douloureux instants... Pendant quelques années, nous avons entretenu une correspondance et puis le temps a passé, nous nous sommes perdues de vue. Ont-elles été heureuses, sont-elles encore de ce monde?

J'ai quitté Bernay et son château de Beaumesnil, nous avons pris le train pour Paris et un taxi pour rejoindre Bobigny, chez mes Beaux-Parents, il me tardait de revoir Daniel.

Retrouvailles

Ma belle-mère Graziella, pour mon retour, avait eu la délicate attention de mettre à Daniel le joli petit pull bleu (comme ses yeux), que j'avais tricoté au « Prévent »; je l'ai trouvé, magnifique! Je l'ai pris dans mes bras, en l'embrassant. Il me regardait un peu étonné? Avec un petit pincement au cœur, j'ai compris que pour lui, j'étais une inconnue.

Départ dans la Nièvre

Mais notre fils était en bonne santé, bien soigné, avec la tendresse de ses Grands-Parents et bientôt je pourrai vite rattraper tout le temps perdu. Après une provision de bisous il est repassé dans les bras de Mémé, je n'avais que de la gratitude envers mes Beaux-Parents, sachant que mon bébé avait bouleversé leur vie, malgré la présence importante d'Enrique. Ils avaient fait face à une lourde responsabilité. Daniel était maintenant un beau petit garçon de dix mois. Il avait encore besoin de beaucoup d'attentions. Puis, nous sommes allés embrasser Maman, Sophie, Irène et Jérôme, ils *étaient heureux de nous retrouver, même pour une visite trop courte.*

Le lendemain, nous repartions dans la matinée. C'était encore une séparation, pour trois mois, mais nous savions tous que c'était pour une bonne raison. Paul, un collègue enseignant qui nous avait trouvé la location, tout près de sa maison dans la Nièvre avait proposé à Enrique de nous y conduire. Il partait lui aussi en vacances et pensait que pour moi le voyage serait moins fatiguant en voiture. Nous sommes arrivés à destination le soir, la femme de Paul, Reine, nous attendait, elle avait préparé le souper. Le premier contact avec ce couple, tous deux professeurs a été facile et tellement chaleureux. Je me suis sentie tout de suite à l'aise. Ils s'inquiétaient de savoir si la journée n'avait pas été trop fatigante, puis ils nous ont accompagnés jusqu'à notre location, notre petite maison... Reine avait posé sur la table de la cuisine un joli bouquet de fleurs des champs afin de nous souhaiter la bienvenue. Elle avait préparé la chambre, sans oublier le nécessaire pour le petit déjeuner du lendemain. Tout était simple et reposant, pour moi, c'était le rêve! Nous nous sommes séparés après la bise et les souhaits réciproques de « bonne nuit ». Nous nous sommes retrouvés seuls tous les deux et nous avons vite fait le tour de ce nouveau « chez nous ». La chambre était belle, avec la place pour le petit lit de Daniel. Le séjour était grand avec une cuisinière, un évier, un buffet, une table et un grand lit. Il y avait aussi, inévitable à cette époque à la campagne, la cabane au fond du jardin avec un rustique sanitaire. Qu'importe, nous avions déjà fait face à de pires situations et ce soir-là, le cœur léger, en riant, satisfaits de tout, nous avons réalisé que c'était le bonheur! Nous étions décidés à en profiter, même si le temps perdu ne se rattrape jamais... Nous avons fait connaissance avec notre propriétaire, Lucile, une dame veuve, et sa petite fille de sept ans, Arlette. Nous avons eu, avec elles, de bonnes relations pendant tout le séjour. Plus tard, quand Daniel a été là, Arlette s'est montrée adorable avec lui. C'est vrai qu'à notre départ la séparation a été un peu triste. Pour cette première nuit dans cette maison, mon sommeil fut quelque peu agité. J'épiais les moindres bruits, essayant de ne plus penser à ce destin qui jouait avec nos vies sans se préoccuper des sentiments. Enrique, à côté de moi dormait d'un sommeil tranquille, un bras posé sur moi. Je me suis sûrement endormie quelques heures, profitant de sa présence réconfortante. Le matin, ayant retrouvé ma sérénité, je me sentais bien. J'étais en forme pour cette nouvelle journée, déjà le soleil était là, quel plaisir! Pour commencer nous sommes allés faire la connaissance de la famille de Paul dans leur ferme, pas trop éloignée de l'endroit où nous étions. Ses parents, Max et Rosette étaient un couple chaleureux, contents de faire notre connaissance. Paul et Reine y étaient sans doute pour quelque chose.

Nous ne voulions pas trop nous attarder, le temps de la moisson arrivait, ils devaient être prêts. Toutefois, pas question pour cette première visite de repartir sans prendre une petite collation, « sur le pouce ». Il fallait goûter ce bon jambon fumé et trinquer avec leur petit vin léger, bien frais. Pour moi, il fut très léger... De l'eau!

Le temps est resté très beau, superbe; nous faisions de belles balades, mais nous respections consciencieusement la prescription de sieste. Les journées étaient longues et les soirées, très agréables, gardaient la douceur apportée par le soleil de la journée. Le beau temps persistait, alors la date de la moisson a été fixée par Max. La faucheuse lieuse est arrivée, je crois qu'elle était louée pour quelques jours. Elle servait à tour de rôle aux agriculteurs du village. Ceux-ci s'entraidaient, les uns et les autres pour ces gros travaux. Paul et Enrique se sont proposés « pour aider! » Pour ces Parisiens, ce furent de très dures journées, alors ils appréciaient l'heure du déjeuner et aussi la petite sieste qui suivait, dans les heures les plus chaudes.Pour rattraper ce temps perdu, le travail se poursuivait en soirée, avec le chargement des bottes sur la voiture. Nous les femmes on jouait « les glaneuses », ramassant sur le sol ce qui avait échappé à la machine. L'adorable petite Arlette et sa maman Lucie se joignaient à nous. De temps en temps, Arlette poussait quelques petits cris, on se piquait assez souvent les pieds et les mollets sur les restes de tiges coupées, « le chaume ». Et puis l'ouvrage terminé, on plaisantait après cette dure journée, en profitant du coucher de soleil.

J'ai beaucoup aimé ces moments, tout n'était que douceur... La preuve, j'en rêve encore! Pour moi, c'était ça le bonheur. Quelques fois Arlette m'entraînait avec elle, pour sa plus grande joie et nous grimpions prendre ce qu'elle appelait « le dernier carrosse » de la journée. Nous rentrions alors, perchées sur les bottes de paille. Nous étions un peu ballottées, elle s'accrochait à moi, elle riait, elle trouvait la situation si drôle! Elle m'embrassait, heureuse, un vrai plaisir de l'entendre.

Un jour, nous sommes allés avec Paul et Reine, comme on le faisait de temps en temps, nous balader dans la forêt, près de chez nous.

Pour nous reposer un peu, nous nous sommes allongés, bavardant, somnolant. A un moment, la voix de Paul nous a surpris. Doucement, Il nous disait de nous lever, de nous glisser un peu sur les fesses pour nous éloigner du dessous de l'arbre où nous étions. Enfin debout, il nous a montré, pendant des branches, un gros serpent, je dis bien, un gros! L'horreur! Paul nous a expliqué qu'il n'était pas dangereux. Tout de même, je l'imaginais, choisissant sa victime et tombant dessus... Un cauchemar! Nous ne nous sommes pas attardés et je n'ai plus voulu retourner dans cette forêt que pourtant on disait si belle!

Les journées étaient très calmes, tranquilles. Je me laissais dorloter, mais même les jours où nous allions rendre visite à la famille de Paul et de Reine, à Clamecy ou à Corbigny, je trouvais et respectais les moments de repos prévus, nécessités par mon état de santé. Reine y veillait, comme une grande sœur.

Un Dimanche, il y eut le concours de pêche. Cet évènement attirait beaucoup de monde, les gens venaient souvent de loin. C'était aussi le moment de rencontrer les amis, les voisins. La journée s'annonçait belle, tout avait été prévu, Paul et Enrique s'étaient inscrits, il faudrait de la chance et de la patience, il n'y aurait qu'un gagnant! Ce fut un jour plein de surprises, d'histoires drôles peut-être un peu exagérées. Pour nos hommes, la pêche avait été bonne, acceptable. Nous les avons d'ailleurs félicités, mais nous n'avions pas le gagnant! Le soir, nous avons fait « ripaille »! Enfin, presque… Mais nous avons apprécié.

Le temps passait, le repos, le soleil et le bonheur avaient amélioré ma santé. Enrique me disait, comme dans la chanson: « Que j'étais belle!» Mais ces jours de douce oisiveté allaient prendre fin, on voyait arriver la rentrée scolaire pour les « Profs ». Il avait été décidé de faire une dernière ballade.

C'était une sortie un peu loin, mais Paul voulait nous faire connaitre les grottes de Sancerre. Nous y sommes allés avec deux voitures, il y avait nous quatre, les parents Max et Rosette et deux amis.

En arrivant, quelle surprise pour moi, c'était incroyable, la hauteur, la grandeur de ces grottes!

Des cars, des voitures y entraient, des tables en bois étaient installées un peu partout et autour, il y avait déjà beaucoup de monde. Dans un brouhaha confus, nous avons fini par trouver, tout en haut, une table libre. De là, la vue était imprenable. Les gens venaient de loin pour le spectacle.

D'autres comme nous étaient venus pour: « le baptême des hommes ». Les nôtres s'étaient inscrits auparavant. Je n'en croyais pas mes yeux. Au centre, en bas, il y avait une grande moitié de tonneau à vin préparé et décoré pour ce grand moment. Nous avons comme tous les autres applaudi les gagnants, sifflé les perdants, tout en grignotant petits gâteaux salés et fromage de chèvre, le tout a été arrosé, comme il se doit, de Sancerre! Reine avait eu la sagesse de prendre des bouteilles d'eau, car boire du vin avait ses limites. Par haut-parleur, les numéros de Paul et Enrique ont été appelés, c'était pour tous le même procédé sauf que la réaction des concurrents et du public était variée, imprévisible. C'est fou ce que l'on pouvait entendre, l'humour et l'esprit existent toujours en France et ce jour-là, nous avions des champions dans cette grotte. Pour que cette cérémonie burlesque soit complète, nous les femmes étions invitées à participer.

Nous avons donc pris place dans le tonneau et perchées sur une petite estrade, en tenant chacune une bougie allumée. Devant nous il y avait Paul et Enrique, un bavoir autour du cou, une couronne de raisins sur la tête (fausse bien sûr, elle servait pour tous les concurrents). En face d'eux, leurs tortionnaires, deux faux curés! Ils devaient avaler très vite, sans s'arrêter, une pipette bien remplie de ce bon vin de Sancerre. Pendant ce temps la foule criait: « Ils boivent! Ils boivent! » Et si tout se passait bien, plein feu sur les vedettes, applaudissements, sonnerie de cloches et délivrance d'un certificat de buveur: « mention bien » Quelle ambiance ! Quelle journée! Dans le fond, nous étions comme de grands enfants. Nous ne nous connaissions pas, nous étions tous venus pour passer un moment plein de surprises et de rires, quel agréable et bon remède pour le moral. Il fallait voir cela au moins une fois! Nous sommes repartis avec une provision de quelques bonnes bouteilles acquises avec un petit avantage en remerciement de notre visite et participation.

La soirée devait se terminer à la ferme, mais « Enrique » a jugé plus raisonnable que nous rentrions tous deux à la maison, la journée avait été un peu fatigante! Ouf... Quels moments inoubliables. Tout c'était bien passé, le bon vin, ça fait chanter et aussi tourner les têtes.

Le départ des « travailleurs » approchait, j'attendais avec impatience l'arrivée d'Alfred, mon beau-frère. Il devait venir en voiture, accompagner mes Beaux-Parents et notre Daniel pour que nous passions ensemble notre troisième mois à la campagne.

Leur arrivée fut pour moi un moment de vrai bonheur, Daniel avait pris quelques centimètres, il était beau comme tout, très souriant. Il regardait autour de lui et faisait l'admiration de tous. Moi, je comprenais que je devais patienter, je lui parlais, il me regardait et je me demandais ce qu'il pouvait penser car depuis plusieurs mois il n'avait entendu parler que l'espagnol! Mes Beaux-Parents étaient en forme, contents d'être à la campagne et de faire la connaissance de nos amis. La maison leur plaisait et ils étaient satisfaits de voir que j'allais très bien. Je les ai installés dans la grande chambre avec Daniel et pour la dernière nuit, avec Enrique nous avons couchés dans le lit de la cuisine. Ce lit, j'y passerai seule mes nuits durant le reste du séjour. Alfred a couché chez Paul et Reine et puis le lendemain matin ce fut le départ.

Ces deux mois s'étaient passés merveilleusement bien, je n'en ai que de bons souvenirs, et ce n'était qu'un au-revoir. Pour Enrique et moi, cette séparation était moins triste que les autres et puis j'avais mon Daniel pour me consoler. Les deux voitures ont pris la route de Paris, Paul et Reine étaient du voyage, eux aussi reprenaient le travail. C'était la rentrée des classes.

Ce dernier mois se passa très bien, nous avons organisé nos journées, ce n'était pas compliqué. Pour les courses, le boulanger passait et nous avions à disposition tous les produits de la ferme. Pas de souci, si on avait un petit problème, Max était là!

Lucie avait ressorti l'ancienne poussette d'Arlette pour Daniel Pépère, aimait en se baladant aller jusqu'à la ferme discuter avec Max et l'homme de journée. Il emmenait Daniel avec lui et aussi Arlette.

Là-bas, il y avait un beau chien qui se précipitait vers eux, venant chercher une caresse. Deux beaux chats souvent couchés au soleil attendaient eux aussi les caresses. On se partageait, Pépère et moi la confection des repas. Mémère s'occupait de Daniel, du linge et de la maison. Nous profitions tous de ces belles journées de fin d'été. Je me sentais un peu frustrée, je ne pouvais pas m'occuper de mon fils comme je le souhaitais. Je devais toujours faire la sieste, j'étais très surveillée!

J'avais beau dire que j'allais bien, que je n'étais pas fatiguée, je devais encore me reposer. Gentiment, ils appliquaient la consigne « repos ». Tout simplement! Le mois se terminait, on attendait Alfred qui viendrait nous chercher en voiture.

A la ferme, les adieux avec Max, Rosette, Lucie et Arlette furent tristes malgré le sourire de façade que tous, nous avions. C'est avec quelques larmes dans les yeux que nous nous sommes quittés, après avoir fait la promesse de revenir aux beaux jours! Le retour se passa, disons, bien...

Mais au début tout de même avec quelques « turbulences » dues à l'agitation de Daniel qui passait de l'un à l'autre en nous piétinant allégrement les cuisses, en passant des bras de Mémé aux miens, collant nez et mains sur les vitres pour regarder à l'extérieur. Sans doute ne comprenait-il pas pourquoi il était enfermé dans cette voiture...

Enfin il a succombé à la fatigue, il s'est endormi... Ouf! Il avait retrouvé son petit visage d'ange et nous, la tranquillité.

Retour à la vie normale

Le retour dans notre petit logement fut un vrai bonheur, quel plaisir de retrouver la famille, les amis. Comment bien exprimer ce que l'on ressent après six mois d'absence, c'est comme un léger flottement. Et puis, il s'était passé tellement de choses... Mais ce fut de courte durée, tout allait bien! On reprend très vite ses habitudes.

Notre fils grandit

Il commençait à marcher, Daniel m'occupait: « à temps complet! » Pour pouvoir le surveiller en permanence, nos avions acheté un petit parc afin de limiter ses déplacements. Lorsque je le mettais dedans, quelquefois il rouspétait, à sa manière. Mais tout en m'occupant au travail de la maison, je pouvais lui parler et lui pouvait me voir. Les premiers pas de bébé demandent plus d'attention, gare aux chutes!

Ce petit logement était bien pour nous deux, nous y étions très heureux. Mais depuis la naissance de

Daniel, la place était mesurée, cela posait quelques problèmes. Nous avions besoin de beaucoup de choses, l'essentiel nous manquait. Daniel grandissait, il avait besoin de plus d'espace, je le sortais le plus possible. Enrique passait tout son temps libre à la maison en cours de finitions. Il faisait son possible pour que nous puissions emménager rapidement dans notre nouveau logement. Une fois installés à Bobigny, Il est certain qu'il y a eu encore beaucoup à faire mais cette fois nous étions chez nous, avec les commodités.

Puis, il a fallu meubler. Nous n'avions pas encore de chauffage central, alors nous avons mis, une cuisinière à charbon et une gazinière dans la cuisine et une « salamandre » dans la salle à manger. C'est dans cette pièce que nous couchions Daniel pendant la mauvaise saison, après, il a eu sa chambre. Il avait eu la rougeole quand nous étions encore à Aubervilliers, il avait été bien malade. Mais en arrivant à Bobigny, là, il nous a fait: « la totale! » C'était pendant l'hiver, d'abord les oreillons puis ensuite, la varicelle. Pour qu'il ne se gratte pas je le badigeonnais de « bleu de méthylène », un antiseptique et pas facile de le faire rester tranquille! Bien sûr, il s'accrochait à moi pour les câlins: « terrible! » J'étais presque aussi barbouillée de bleu, que lui. Pour qu'il n'ait pas froid, j'avais mis sur le sol de la salle à manger, par-dessus le tapis, une couverture. Le plus dur c'était de chauffer la maison. Neuve, elle était très froide. La cuisinière, la salamandre ronronnaient en permanence. Puis le temps plus clément est revenu, il a chassé le froid, tout est devenu plus simple. Nous attendions le retour de la belle saison et surtout, le soleil. L'hiver avait été rude, mais Daniel était bien remis de ses maladies infantiles. De ce « bleu » que nous avions partagé il ne restait que le bleu de ses yeux!

Il n'a pas marché très tôt, puis, bien campé sur ses deux jambes il a vite rattrapé le temps perdu et il fallait suivre! Par contre il était très bavard, bien sûr, on ne comprenait rien, sauf Sophie! C'était très drôle. Elle l'imitait à la perfection, on riait. Tous les deux se regardaient et on avait l'impression pendant un moment qu'ils conversaient... Tout simplement. Quand nous allions au square pour la promenade, il s'arrêtait devant un banc où il y avait du monde et c'est avec plaisir que les gens l'écoutaient car il expliquait avec des gestes une histoire que lui seul comprenait.

Il était tellement mignon, souriant, avec ses petites boucles blondes. Sans le savoir, c'était un « charmeur ». C'est vrai, à vos yeux, j'en parle peut-être trop de mon Daniel, mais c'étaient des moments de pure innocence, il fallait en profiter.

Avec les beaux jours les vacances sont arrivées. C'est avec Sophie et Daniel que je suis partie pour un mois, à Jargeau, dans le Loiret. La Loire était là, pour la baignade, il y avait beaucoup de monde, Daniel n'avait pas peur de l'eau. Au contraire, il fallait le surveiller en permanence. Sophie faisait « trempette » avec lui. Cette année-là, sur la plage nous avons vu la Miss France du moment (elle était de la région). Mais, à Jargeau, ce fut aussi l'année des puces! Comme tous nos voisins, nous n'avons pas échappé à l'invasion. Sophie et moi dormions dans le même lit. Elle me réveillait en me disant: « Jackie, j'ai une puce! » Alors on se lançait dans une chasse à la puce. Il fallait la trouver, l'attraper pour pouvoir se rendormir! Daniel couchait dans un petit lit, à côté de nous, lui aussi ces sales bestioles le piquaient. Elles étaient petites, mais elles étaient tenaces. Elles se moquaient du produit que je leur passais sur le corps à tous les deux. Moi, les puces ne venaient pas sur moi, elles ne m'aimaient pas!

Sophie avait fait la connaissance d'un petit copain de son âge, un gentil garçon, très agréable.

J'avais dit à Enrique que je ferais couper les cheveux bouclés de Daniel, maintenant c'était un petit garçon! Nous sommes allés chez le coiffeur. Je me demandais qu'elle serait sa réaction? Oh! Il a été très gentil et patient ce coiffeur. Daniel n'a pas pleuré, mais il bougeait beaucoup. Ce ne fut pas simple; mais nous avons tous été satisfaits du résultat. Il ressemblait à un vrai et beau petit garçon! Facile à vivre, il ne pleurnichait pas, il était souriant avec tous. Nous avions des relations amicales avec nos voisins et même un peu plus avec un couple charmant. Ils faisaient les « marchés », vendaient des vêtements. La femme était très jolie, quelquefois, elle venait à la plage avec nous.

Il y avait un autre jeune couple, logé, à côté de nous, au rez-de-chaussée. Quelques fois, car ils travaillaient, nous bavardions avec eux, le soir.

Nos logements se touchaient, surtout nos chambres et la cloison était mince! Certains soirs, nous avions droit à un concert de cris de plaisir et de soupirs de satisfaction. On en riait, mais tout de même, c'était assez gênant! Heureusement, le silence revenait assez rapidement Moi, ça ne me gênait pas, mais pour Sophie... Le lendemain, on se retrouvait, sans commentaires. N'a-t-on pas la liberté de s'aimer? Oui, mais peut-être avec un peu plus de discrétion? C'est mon seul reproche. Ce n'est pas méchant... ils s'aimaient!

Le temps passait, l'automne arrivait, l'hiver était en route, il fallait rentrer à la maison. Une fois à Bobigny, nous avons eu le plaisir de retrouver toute la famille, le froid limitait les sorties, mais tout allait bien côté santé, notre principal souci et tout le monde travaillait ; sauf moi, pour encore quelques mois.

1956, Le mariage de Patrice.

En cette fin d'année, nous avons reçu cette nouvelle. Patrice, toujours dans l'armée, au Maroc allait épouser Émilie.

Au Maroc

Patrice était toujours militaire, au Maroc, en garnison, à Kasba-Tadla C'est là qu'il avait rencontré Émilie. Ses parents étaient agriculteurs. Ils se sont fiancés et mariés là-bas.

C'est seulement l'année suivante que nous avons pu faire, avec grand plaisir, la connaissance de notre gentille Belle-Sœur. Patrice et Émilie sont venus pour quelques temps, en France.
Ils ont habités au pavillon avec Maman et Sophie.

1957: l'Espagne

Je ne connaissais pas la famille de mes Beaux-Parents qui vivait en Espagne et pour la plupart, Enrique non plus!

Pour les prochaines vacances d'été, il a été décidé de faire le voyage pour faire connaissance. Mémé Graziella nous avait expliqué comment ils vivaient. Nous irions chez sa sœur, mari et fils.

Le voyage, l'arrivée en famille

J'avais préparé et acheté pas mal de choses nécessaires pour leur maison Nous sommes partis avec Alfred, dans sa voiture, Mémé, Enrique, Daniel et moi, pour ce grand voyage. A l'époque, il n'y avait que très peu d'autoroutes, le voyage était long. Nous nous sommes arrêtés pour la première nuit dans un hôtel, en Espagne. Le lendemain soir, nous sommes tout de même arrivés, à la nuit, dans ce petit village de montagne. Il avait plu, la nuit était très noire. La famille nous attendait. Ils se sont approchés pour nous aider à traverser la cour. Il y avait tellement d'eau, qu'ils avaient installé des *planches pour nous permettre d'arriver à la maison en gardant les pieds au sec. C'est dans une pièce mal éclairée que nous avons été réunis, pour faire connaissance. Ils ont manifesté leur admiration devant Daniel qui avait bien supporté l'éprouvant voyage. Il était quand même bien fatigué. Ils étaient très contents de nous voir. On sentait tellement de plaisir, de gentillesse dans leurs regards. Nous avons soupé (nous avions amené des provisions avec nous). Puis, ils nous ont montré nos chambres, une pour Mémé, Daniel et moi, l'autre pour Alfred et Enrique. Sur les conseils de Mémé, nous avions apporté des draps que nous avons laissés à notre départ.*

Ce qui m'a gênée, ce n'est pas le train de vie plus que modeste qui était le leur, mais l'odeur qui régnait partout dans la maison. A cette époque, comme encore en France, dans les campagnes reculées, à la ferme, souvent les bêtes étaient logées sous les pièces à vivre afin de pouvoir profiter au maximum de la chaleur animale! Au matin, j'ai découvert le petit village, ce n'était que quelques maisons et une « taverne » dans laquelle le comptoir, était une planche posée sur deux tréteaux. Là nous avons rencontré des personnes qui venaient offrir à Enrique et Alfred un petit verre. C'était Enrique qui réglait, mais il n'était pas question de refuser. Ce petit réduit mal éclairé, c'était le seul endroit où les hommes du pays pouvaient se rencontrer, ils semblaient en être satisfaits.

Comme je ne supportais pas l'odeur de la maison, Enrique avait demandé à des voisins de nous héberger tous les trois pour les nuits suivantes. La famille comprenait et puis cela simplifiait les problèmes de couchage de toute la famille. Je m'étais imaginé l'Espagne, le soleil, la gaîté, au travers des chansons que j'entendais! Quelle désillusion! Mais ce n'était l'image que d'une région. Et cette région, nous l'avons aimée et ses habitants aussi.

Puis, pas très loin de là, nous sommes allés retrouver cette fois, la famille de Pépère Ignacio. Les cousines, les cousins parlaient français. Ils étaient restés quelques années en France pour travailler à Paris. Ils venaient au pays pour les vacances, ils vivaient tous à Baracaldo.

1959 : Naissance de Clara

*M*on frère ainé, Patrice et son épouse Émilie ont eu une fille. Clara.
Elle est née à Casablanca ; Patrice était toujours militaire et en poste au Maroc.

1962: Le mariage de Sophie

Fiancée en 1960 avec Christophe, ils se sont mariés, à Aubervilliers.

Fin du deuxième cahier jaune en 2015

Nostalgie et vacances

Ce furent ces années « vacances », heureuses, pleines de surprises, dans la famille dont je peux et je veux me rappeler ces grands moments aujourd'hui, avec plaisir et aussi un peu de nostalgie. Une carte, une lettre font revivre le passé, aujourd'hui, en 2015, je viens de recevoir les vœux des cousines d'Espagne, pas trop éloignées les unes des autres, veuves aussi toutes les trois. Nous correspondons, une lettre de temps en temps, pour raconter la vie de nos enfants, petits-enfants.

Retour en arrière

Je vais donc revenir sur cette journée en Espagne où pour marquer la fin des vacances, il avait été décidé d'aller, en famille, au restaurant. Les cousins connaissaient l'endroit, ils avaient retenu une grande table. C'était en montagne, c'était superbe, le feu du soleil, la couleur du ciel, les montagnes. Pour cette journée, bien sûr, nos enfants étaient là. Nous sommes arrivés dans une grande et belle salle décorée de tableaux et de *cuivres. Surtout, il y avait une grande cheminée, l'attraction, on y faisait cuire sur un gril, la viande pour la soirée. Il y avait déjà beaucoup de tables occupées, la nôtre se trouvait assez loin de la cheminée, quelle chance! Nous avions déjà très chaud...*

Le repas fut comme nous l'espérions, très satisfaisant. Les hommes avaient demandé « la totale », c'est-à-dire avec digestif, café et pour ceux qui fumaient, cigare. Tout cela dans une belle ambiance et comme d'habitude, en chantant. Dans la salle, certains « poussaient » la chansonnette. Nous, avions demandé à la cousine Suzana de chanter « l'émigrant », une très belle chanson, parole et musique. Sa voix superbe, si troublante a fait tout à coup le silence autour de nous. Oh! Ça remue une voix pareille. A la fin de la chanson, silence... Puis, tout à coup, des applaudissements, des félicitations et certains qui demandaient qu'elle continue. Alors, sans se faire prier, en duo avec Sidonie ou Sonia, elles chantèrent, accompagnées par ceux qui connaissaient la chanson. Ce fut une soirée inoubliable. C'est pour cela qu'en recevant une carte de Suzana m'expliquant qu'elle faisait toujours partie d'une chorale, j'ai repensé à sa très belle voix, à cet émigrant qu'elle avait fait revivre quelques minutes à ce moment-là en évoquant sa fuite vers l'inconnu... Espérant trouver meilleur avenir... Ailleurs....L'émotion était forte à la fin de cette chanson, comment oublier! Pendant toutes ces années, il s'est passé tellement de choses que ma mémoire est mise à rude épreuve pour évoquer ce que nous avons vécu. Vous comprendrez pourquoi, parfois je fais un retour en arrière pendant mon récit, mes pensées vagabondent, me souvenant alors d'un moment heureux. Alors, je veux le faire revivre!

Autres vacances, retour en Espagne

Après ce premier voyage en Espagne, dans le nord, avec Alfred, pour faire connaissance avec la famille d'Enrique, nous voilà de retour, mais cette fois, côté Méditerranée. Ce premier contact nous avait permis de faire connaissance avec notre famille espagnole, il n'avait pas été à mon sens ce que j'avais imaginé! Mais sans connaître, inutile de trop rêver. A ce moment-là, l'urgence, pour nos séjours en Espagne, avant même l'achat d'un logement, pour assurer notre indépendance et notre mobilité... c'était d'avoir une voiture. Enrique avait passé son permis de conduire, nous cherchions une voiture d'occasion, grande et confortable afin de voyager durant nos deux mois de vacances. Notre destination, toujours l'Espagne, mais aussi le sud. Pour ce faire, nous avions décidé de nous mettre au camping. Notre choix s'est porté sur un break 203 Peugeot. Pour le matériel, nous avions opté pour le confort, notre investissement s'en est trouvé important, mais il serait amorti sur plusieurs *années. Nous n'avons jamais regretté notre choix. Donc, la période des vacances d'été étant là, un matin, nous avons pris la route du « sud ».La nuit étant proche, malgré les essais et contrôles avant notre départ, Enrique s'est arrêté au bord de la route et nous avons de nouveau procédé à des vérifications concernant les dispositifs d'éclairage de la voiture. Alors, positionnée devant la voiture, j'ai répondu à tous les changements réalisés par Enrique. Pendant ces vérifications, à deux reprises des voitures se sont arrêtées, nous demandant si nous avions un problème, nous proposant de l'aide. Ensuite, rassurés, tout était parfait, nous avons repris la route. Enrique n'a jamais joué les «Fangio! »*

Daniel disposait de toute la banquette arrière. C'était un enfant, remuant, très éveillé, mais il « suivait » sans faire de problème. Il connaissait toutes les voitures et il était très content quand Enrique en doublait une, trop lente. En ce qui me concerne, dans mon rôle de copilote, j'étais la coéquipière qui veillait sur le moral de mes « hommes » et la carte routière dépliée sur les genoux, je veillais à ce que nous n'ayons pas de mauvaise surprise. La nuit nous a rattrapés, ce premier soir, nous avions tous les trois besoin de repos, nous avons fait halte dans un hôtel.

Le lendemain, de bonne heure, nous avons repris la route et passé la frontière. En Espagne, quel avantage, Enrique parlait la langue du pays!

Nous avons choisi la route du bord de mer avec l'idée d'y trouver un camping pouvant nous convenir. En passant devant un beau terrain, avec des fleurs, des buissons tout autour et surtout un bar sur lequel une pancarte annonçait pour dans deux jours, l'ouverture, d'un nouveau camping; nous nous sommes arrêtés. Il y avait des grandes allées, tracées et peu d'arbres. Des hommes plantaient des arbustes. Enrique est allé les trouver pour obtenir des renseignements. Le propriétaire du camping, qui avait aussi l'hôtel restaurant situé à l'arrière était présent. De la conversation, il ressortait qu'il connaissait bien la région d'origine de la famille et aussi certains de nos amis et connaissances. Entre eux le « courant » est passé, je les voyais rire.

L'hôtel était complet, des Espagnols des villes environnantes et qui avaient l'habitude d'y venir en fin de semaine, étaient déjà là. Il y avait aussi des campeurs qui attendaient l'ouverture du camping. Alors nous avons continué la route pour chercher où passer la prochaine nuit. Nous avions prévu de déjeuner au restaurant de ce camping découvert le matin même. Le déjeuner en Espagne, c'est plutôt quatorze heures et après il nous fallait trouver un hôtel. Pas question de déballer tout notre « barda » pour seulement deux jours, pour attendre l'ouverture du camping. Nous avions fait ce choix. Au déjeuner, Papa Luis, c'est comme ça que tout le monde l'appelait, est venu s'installer à notre table, il ne voulait pas nous laisser partir ailleurs. Il nous a fait une proposition. Il mettait à notre disposition le bar du terrain de camping, nous aurions seulement besoin de nos lits de camp, matelas, couvertures pour deux nuits. Nous sommes allés voir ce bar. L'installation était complète, surpris par la taille du local, déjà meublé avec les tables les chaises et surtout par la présence de l'approvisionnement pour l'ouverture: boissons, gâteaux, cigarettes, etc...

Pour nous, difficile de comprendre comment il pouvait nous accorder si vite sa confiance! Bien sûr, nous avions très vite sympathisé mais nous ne pouvions que le remercier de nous héberger avec tant de gentillesse sans nous connaître vraiment. Nous avons accepté, comment refuser? Cela nous convenait. J'avais quand même eu quelques moments d'hésitation parce que juste au-delà d'une petite route en terre, toute proche, il y avait la voie ferrée. Elle longeait le bord de mer, un train y passait trois fois par jour. Papa Luis nous avait expliqué que personne ne se plaignait du bruit, que c'était une habitude à prendre! En voyant ce train passer, nous avons compris. Il était ancien avec à l'arrière des wagons, une plate-forme, comme au « Far West ». Il sifflait, bien plus de trois fois parce que des gens traversaient la voie pour aller à la plage, ignorant volontairement le passage possible, par en dessous, par un petit tunnel. Ce train circulait tout doucement, c'était une vraie attraction! Pour les campeurs de tous les terrains de camping du secteur situés au bord de la mer, les uns à côté des autres, c'était le « train du plaisir ». De la plate-forme, des wagons, les campeurs et les voyageurs s'interpellaient dans toutes les langues, en riant, avec des chapeaux « comme là-bas... dis! »

C'était vraiment très drôle. A certaines heures, on entendait des musiques et des chants. C'était un spectacle gratuit et sur la plage ou au camping, c'était toujours avec enthousiasme que l'on réagissait à chaque passage. Puis les deux jours ont passé, c'était l'ouverture, nous avons monté notre tente. C'est vrai, nous manquions d'arbres et certains étaient trop petits, mais nous étions logés « grand ». Notre tente avait une grande avancée qui nous mettait à l'abri du soleil. Le camping se remplissait vite! Il y avait beaucoup d'Allemands qui attendaient l'ouverture à l'hôtel, certains nous proposèrent de l'aide pour notre installation. Nous sommes restés deux jours en étant les seuls Français du camping. Puis sont arrivés des Belges, des Anglais, des Italiens, des Hollandais et aussi des Français, contents eux aussi de retrouver des compatriotes. Enrique a proposé à Papa Luis d'aider un de ses fils qui s'occupait du camping pour placer les nouveaux arrivants. Son autre fils, José, s'occupait de l'hôtel-restaurant et Mama, la maman, était toujours présente. Bien sûr, il y avait du personnel, le camping devint complet, tout se passait bien! On faisait connaissance, nous allions de gauche à droite, aux alentours de notre tente, chez des Allemands, des Belges et aussi une famille française de Vichy, Marthe, Louis et Irma leur fille.

Il y avait aussi une famille allemande, Wilfrid, Sylvia et leur fille Ulla, de l'âge de Daniel et aussi des

Belges, Jo, Lise et le fils Michel qui lui est resté très peu de temps.

Nous sommes devenus amis avec ces familles.

Camping en Espagne, L'Europe en avance

Je me souviens, la première année, nous avons dû faire beaucoup d'efforts pour nous comprendre, mélangeant les mots et les gestes. Nous avions la chance d'avoir, Jo, le Belge auprès de nous, comme interprète. Il était pilote au port d'Anvers, il montait à bord des bateaux pour les guider dans leurs manœuvres. Il avait beaucoup voyagé et parlait plusieurs langues. C'était notre traducteur, oh! Il avait du travail! Il répondait à toutes nos interrogations, les questions et réponses fusaient de toutes parts! Nous formions un petit groupe amical de toutes nationalités, avides de mieux nous connaitre.

Le « Coral », les années camping.

Il est vrai que nous avions tous des caractères distincts, mais à peu près le même âge. Nous étions jeunes, adolescents et pour certains, « anciens jeunes soldats ». C'est-à-dire que nous avions tous subi la guerre. Amis, ennemis d'un *moment, tous nous avions connu les horreurs de la situation, les bombardements et tant de choses comme la perte de la famille ou d'amis. Nous avons longtemps parlé tranquillement de ce passé. Dans ces moments d'échange, d'autres campeurs se joignaient à nous, debout, ils écoutaient. Ces moments étaient importants pour nous, assis, face à face, nous échangions nos idées. Étions-nous si différents les uns et les autres? Non! Nous parlions, sans agressivité de nos ressentiments pour cette époque, pour ces années très difficiles.*

Vous qui me lisez, aujourd'hui, comprenez-vous? Nous avions fait un grand pas vers notre avenir commun. Nous nous serrions les mains, tous! C'était, disons, un exploit, nous avions fait fi de ce vilain mot: « haine ». Le plus angoissant était de savoir qu'une poignée d'hommes dans chaque pays pouvait disposer de nos vies. Ces conversations furent salutaires pour tous ceux qui voulaient savoir, comprendre, mais tous conscients que cette phrase, si souvent prononcée « plus jamais ça », n'était qu'une illusion, hélas!

Nous avions donné notre avis, sans éclat de voix, respectant chacun et nous venions de démontrer que tout était possible avec l'entente et la compréhension. Il faut ne pas oublier les leçons du passé. Le futur, c'étaient nos enfants qui jouaient ensemble autour de nous. Alors, quoi de plus réconfortant. Nous voulions y croire, la discussion était close, nous n'avons plus reparlé de ces années difficiles pour tous.

Et puis, c'étaient les vacances, il faisait beau, nous avons levé nos verres avec ceux qui le souhaitaient. Lever notre verre, nous le faisions souvent, avec qui voulait, il suffisait de prendre son siège, son verre et venir nous retrouver. Nous le faisions presque tous les jours, tous d'accord et contents. Ce n'était pas ce petit vin doux, le « Moscatel » qui nous faisait nous déplacer, nous nous connaissions si bien, certains depuis longtemps. C'était tout simplement le plaisir d'être ensemble. Ceux qui ne buvaient pas de vin prenaient un jus de fruits. Wilfrid appelait ces moments-là « notre thé quotidien! »

Le midi (vers quatorze heures!) Souvent nous changions de tente pour nous retrouver chez ceux qui invitaient. C'était toujours un bon moment et nous avions tous des réserves pour faire face dans ces moments-là. Heureusement, pour la chaleur, nous avions des glacières et tous les matins arrivait au camping le livreur de glace. Il avait une vieille charrette en bois tirée par un gentil cheval.

En arrivant, il criait: « héladi! », « hélado! » Il livrait ses pains de glace pour le bar du camping et pour nous les campeurs. On allait vers lui en transportant nos glacières, toujours un bon moment! Il était toujours souriant, toujours prêt à plaisanter. Il arrondissait toujours le prix de son morceau de glace pour nous faire plaisir avec ce petit bonus!

Le marchand de glace à rafraîchir

C'était notre sauveur, il faisait si chaud! Chaque matin, nous l'attendions pleins d'espoir.

Les journées passaient très agréablement, pas de problème, une entente parfaite régnait dans le camping.Daniel était jeune. Nous fêtions presque toujours son anniversaire au camping, chaque quatre Août, en réunissant tous ses petits copains. Nous étions, nous les adultes, toujours surpris de voir à quelle vitesse ils engloutissaient les bouteilles de jus de fruits pour aussitôt repartir jouer.

C'étaient de vraies vacances, Enrique chantait et quelques fois, il aidait au bar. On l'appelait « Caruso »!

Les amis

Pendant ces nombreux séjours au camping, bien sur des rapprochements se sont faits avec ceux qui partageaient une attirance commune ou ayant quelques affinités,

Les campeurs étrangers

Nous sommes même devenus amis avec le couple d'Allemands Wilfrid et Sylvia, qui habitait Hanau, près de Francfort. Ils ont même suivi des cours de français afin que nous puissions mieux nous connaitre, mieux comprendre comment nous vivions dans nos pays respectifs. Nous avions avec eux des discussions intéressantes sur les habitudes, les avantages, contraintes, différences, etc... C'était très intéressant, parfois surprenant. Nous sommes allés à Hanau, leur rendre visite, sur leur demande pressante. Ils vivaient dans un quartier résidentiel, dans une jolie maison avec un petit parc d'agrément. Tout était parfait. Il est certain qu'il existait là-bas comme partout des quartiers moins agréables. Nous sommes allés les retrouver plusieurs fois, à Pâques, à Noël et aussi pendant le *carnaval. Nous y avons retrouvé les amis campeurs, de Düsseldorf, William et Rosa. Une année, chez eux, et avec d'autres amis français du camping nous sommes allés danser sur les bords du Rhin, dans d'immenses grottes, où dans chaque salle un orchestre jouait des musiques différentes. Incroyable, jamais vu! Enrique et moi, ce soir-là, nous avons été doublement surpris, les couples pouvaient se séparer!*

Beaucoup étaient costumés, surtout les femmes.

Je portais ce soir-là une jolie robe, j'avais des paillettes et des brillants dans les cheveux et on m'avait donné un masque, un « loup » pour cacher mon visage. Je me souviens, Rosa était déguisée en « chatte », très drôle, avec une grande queue, elle n'avait décidément pas de complexe. William nous a présenté à ses amis présents, puis très vite, sans s'excuser Rosa est partie s'installer au bar avec un homme…... Mais pas de problème, incroyable, ces soirs là, tout était permis. Son mari, toujours aussi souriant, était resté avec nous, et n'avait pas réagi au comportement de Rosa.

Le champagne coulait à flot, l'atmosphère était plutôt surchauffée. Dans cette belle ambiance, on m'invitait à danser. Enrique surveillait « son bien » et il avait demandé à William de faire attention à moi. Oh! J'étais très consciente, beaucoup de couples se perdaient dans ces salles. Je ne m'éloignais jamais loin d'Enrique. Au petit matin nous sommes rentrés chez nos amis pour dormir un peu, nous y avons retrouvé Daniel et Gaby leur fille.

Ils dormaient, sous la surveillance de la grand-mère venue les garder. Nous avions été très bien reçus, Rosa nous avait promenés dans la ville d'Offenbach; elle avait pris une journée de congé pour nous faire visiter les environs.

Puis, nos amis d' Hanau, Wilfrid et Sylvia, qui ne fréquentaient pas ce genre de soirée sont venus nous chercher, sachant combien il est difficile de se déplacer en pays inconnu. Chez eux, les fêtes se passaient toujours joyeusement, mais en famille et avec leurs amis. Ils avaient aménagé le sous-sol de leur maison en salle de réception, les murs étaient tapissés de grands posters représentant la mer, le soleil. Il y avait des jeux de lumière, des arbres avec des oiseaux, le tout artificiel, bien sûr. Les tables recouvertes de nappes colorées, offraient des fruits, des boissons. C'était magnifique. Une musique d'ambiance, exotique, avec un peu d'imagination, on aurait pu se croire transporté ailleurs...Dans un pays lointain, sur une petite île, comme aux Antilles peut-être. Ma petite sœur et mon beau-frère pourraient sans doute en parler mieux que moi, depuis leur cessation d'activité, ils s'y rendent chaque année pour un long séjour, remplaçant agréablement un temps d'hiver par une ambiance d'été. Il faut savoir rêver de temps en temps.

Les années passaient, beaucoup de nos amis campeurs sont venus nous voir et visiter Paris. Nos jeunes étaient devenus des adultes. Ulla, la fille de Wilfrid et Sylvia s'était mariée avec Mickaël, ils sont venus souvent.

Wilfrid nous a quitté le premier, puis Mickaël le mari d'Ulla et ensuite Sylvia.

Avec Ulla, nous correspondons toujours avec plaisir et ce depuis plus cinquante ans. Nous avons beaucoup de souvenirs en commun, que des bons! Nous avons fait beaucoup de sorties ensemble en visitant l'Allemagne, l'Espagne, l'Italie la Yougoslavie et la France. Ils avaient une grande et belle voiture, Ulla conduisait souvent.

Mais nos grandes vacances, c'était toujours le camping et en Espagne, la famille.

Retour au camping sur la Costa Brava

Le camping en Espagne, à « Pineda de Mar », pendant des années, ce fut toujours le même camping, pour les grandes vacances d'été.

Encore « Le Coral »

Nous nous y plaisions beaucoup, nous y retrouvions aussi nos amis français de Vichy, Marthe, Louis et leur fille Irma Nous nous sommes longtemps fréquentés, à Vichy, à Paris et aussi dans la propriété qu'ils avaient en Andalousie. Nous y avons même séjourné un mois, la mer devant nous et une grande piscine. Le rêve! Là aussi, c'est la maladie qui nous a séparés.

Mais au camping, aussi nous profitions de la plage, et nous faisions des sorties. Toujours la même « bande ». On louait un petit car. Nous allions à Barcelone voir les fontaines lumineuses et le soir à « Tibidabo » et aussi aux courses de taureaux. Moi, la « corrida », je n'aimais pas tellement ça! Un jour *nous sommes allés visiter une distillerie; nous avions eu une carte de dégustation gratuite. Oh! Attention, les mélanges c'est mortel. Heureusement le chauffeur s'abstenait de prendre part à ces dégustations. Nous avions acheté quelques « souvenirs » à ramener aux amis du camping et le chauffeur qui nous avait conduit à bon port a lui aussi reçu son cadeau, quelques bouteilles. Il y avait de quoi le satisfaire un bon moment et lui rappeler notre joyeuse sortie.*

Le soir au camping, on organisait des soirées dansantes. Après avoir couché les enfants et fermé les portes du bar pour ne pas gêner ceux qui se reposaient, on était tranquille, deux gardiens surveillaient. Tout était calme, de temps en temps on allait vérifier si les enfants dormaient. Trois jeunes du camping, des musiciens assuraient l'ambiance. Vers onze heures tout le camp redevenait silencieux, ceux qui voulaient continuer à s'amuser partaient en ville. Les parents de nos musiciens avaient une belle caravane et le père, était surnommé « Campari » parce que c'était toujours sa boisson favorite. Il était antiquaire. Je me souviens qu'un jour, Papa Luis avait eu un différend avec le camping d'à côté. L'affaire s'est réglée chez un avocat. Nous étions venus, avec lui, avec quelques campeurs, pour le soutenir; « Campari » était avec nous. En arrivant sur place, chez l'avocat, il a tout de suite repéré un très joli meuble ancien.

L'affaire de Papa Luis terminée, il a discuté afin de pouvoir acheter ce meuble qui n'était pas à vendre! Mais il était décidé à l'avoir, quelle diplomatie il a déployée pour arriver à ses fins « Chapeau Campari!» Le petit arrangement pour le camping avait été favorable et « Campari » avait emporté le joli meuble. Nous avions assisté à cet incroyable marchandage, un vrai débat et l'avocat, peut-être à contrecœur, avait accepté la somme rondelette proposée. Les deux, je le pense, se sont quittés satisfaits. Il est vrai que le meuble était magnifique.

Qui a dit que l'argent ne fait pas le bonheur?

Certains jours ou en soirée, nous quittions le camping, toujours les mêmes pour aller à Callelia, près de Pineda de Mar, sur la côte, au sud de Barcelone. Cet endroit attirait beaucoup d'étrangers, beaucoup d'Allemands. C'était un endroit très festif. Nous suivions le bord de mer et en passant nous nous arrêtions au restaurant: « chez Mousso » pour saluer le patron. Il travaillait en famille, le couple, deux fils et les deux belles-filles. Pendant toutes ces années, nous y avons déjeuné bien des fois, surtout lorsque pour fêter quelque chose, on avait droit à un repas amélioré. Tous d'accord, on commandait une paella, comme eux seuls savaient la faire. Du début du repas à la fin, tout était parfait, on appréciait l'ambiance, on était reçu comme de la famille, toujours avec le sourire, on était des bons clients.

Mais il y avait quelque chose en plus, ce respect, cette connivence avec les parents et surtout cette complicité avec les fils et les filles. C'était Fernando qui toujours nous installait et nous servait dans une salle, bien souvent, nous n'étions qu'entre Français. Là, il nous montrait ce qu'il avait retenu des « leçons de français » prises auprès des campeurs.

Ils ne lui apprenaient que des mots d'argot, bien sûr! Fernando arrivait vers nous en nous disant: « Salut! Alors, qu'est-ce qu'on bouffe aujourd'hui? »

Tout y passait, les calendos, le bif, le p'tit coup de pinard, toujours en souriant, avec son accent espagnol. C'était très drôle, mais c'était un jeune homme intelligent, plein de malice et en plus très beau garçon! Il jouait le jeu et sans oublier les « leçons » des campeurs, il parlait en français et en plus avec beaucoup d'humour.

Son frère Juan, parlait très bien Allemand. Les femmes ne parlaient que l'espagnol. L'accueil, le service, la qualité, tout était parfait.

Durant ces année-là, des amis et voisins de Bobigny, Gérard et Pauline, à qui nous parlions souvent de nos séjours ensoleillés et surtout moins onéreux qu'en France, il faut le dire, sont venus nous retrouver. Ils prenaient pension « chez Mousso ». Ils étaient accompagnés de leur fils Marcel qui était un peu plus jeune que Daniel. Ils participaient, lorsqu'ils le souhaitaient aux balades et repas organisés par le groupe du camping. Que du plaisir! Aujourd'hui, Gérard, comme Enrique nous a quittés... Pauline et moi, nous vivons toujours au même endroit dans une petite rue de Bobigny, nos maisons sont situées presque en face l'une de l'autre. Mais c'est avec plaisir que le passé se rappelle à nous. On ne peut pas être et avoir été! Nous en sommes très conscientes.

Nous continuons, nos enfants nous aident à suivre notre chemin, jusqu'au bout. Nous plaisantons et parfois rions des petites choses et des moments de la vie. Autour de nous, les gens changent, tout simplement.

L'orage, la tempête au camping

Un jour, toujours heureux au camping, autour de nous, l'atmosphère s'est modifiée brusquement. La journée avait été belle, très chaude.

Dans la soirée le ciel a soudainement changé de couleur, le tonnerre s'est mis à gronder. Nous pensions alors qu'un peu de pluie allait nous rafraîchir.

L'inquiétude, la peur !

Mais Papa Luis est venu nous dire, très soucieux, que ce serait plus important qu'un simple orage et que nous devions rapidement prendre des précautions, tout attacher solidement, vérifier les piquets des tentes, rentrer tout ce qui était dehors, les tables les chaises, tout fermer et ne pas nous coucher. Il avait informé de même tous les occupants du camping.

Ces recommandations nous affolaient un peu, mais il fallait en tenir compte. Papa Luis n'était pas homme à parler à la légère! Le bar resterait ouvert toute la nuit. Très vite, le vent, la pluie sont arrivés,

J'avais préparé Daniel en l'habillant pour ce temps, j'avais aussi rassemblé nos papiers, l'argent dans mon sac et avec Enrique, nous tenions déjà la tente qui s'agitait. Et puis, tout est devenu difficile, il faisait nuit, le tonnerre, les éclairs, c'était l'enfer.

Enrique m'a dit: « Sauvez-vous! Allez au bar!» Le vent balayait tout, difficile d'avancer. Daniel était très brave, il ne pleurait pas. J'avais dit à Enrique de tout laisser. Femmes et enfants étaient réfugiés au bar. Puis on a vu arriver les hommes. Toutes les tentes s'écroulaient, bien sûr, plus de lumière, seuls les éclairs illuminaient les lieux. Papa Luis avait sorti des grosses lampes tempête. On avait mis une des lampes devant une fenêtre en pensant guider les personnes perdues sur la route. Un couple et un enfant sont arrivés en criant, ils campaient un peu plus loin.

C'est vrai, tous nous avions peur! Les enfants étaient terrorisés, il fallait les calmer. Papa Luis et ses fils leur distribuaient des bonbons, des gâteaux. Mais il y avait deux femmes, elles étaient anglaises, qui hurlaient à chaque coup de tonnerre, il a fallu se fâcher pour les faire taire, leur expliquer qu'elles affolaient les enfants. En dénombrant les personnes présentes, nous nous sommes aperçus qu'Élise et sa fille n'étaient pas là. Elles logeaient seules en semaine, dans une caravane, le mari ne venait que le week-end. Alors, bravant la tempête, les hommes sont sortis pour aller à leur recherche. Un arbre était tombé en partie sur la caravane, les empêchant de sortir. La malchance a voulu que ce soit, un gros;

pourtant il n'y en avait pas beaucoup mais cela n'a pas facilité le dégagement, ce fut un vrai travail. Dans le camping deux autres grands arbres étaient tombés, heureusement sans faire de victimes, une chance, les tentes étaient vides.

Au lever du jour, quelle détresse! Devant cette situation, après cette nuit blanche, très agitée, nous nous sommes sentis très fatigués L'eau avait fini par entrer aussi dans le bar. Le camping ressemblait à une grande mare d'eau sale dans laquelle flottaient un tas de choses! Des tentes étaient tombées, laissant voir pour certaines ce qui était à l'intérieur. On regardait, dépassés par la situation, réalisant le désastre. Les caravanes avaient mieux résisté, alors, nous y avons couché les enfants en les enveloppant dans des couvertures. Ils étaient fatigués et frigorifiés. Et puis, il fallait bouger et avant il fallait manger, reprendre des forces, nous en étions tous d'accord. Nous avons récupéré des réchauds et des bouteilles de butane à l'hôtel, du pain et tout ce qu'il nous fallait pour déjeuner. Heureusement, dans le bar, il y avait beaucoup de choses. Nous avons fait chauffer le lait, fait du café, préparé des tartines et ce fut table ouverte pour tout le monde. Personne ne s'attardait, debout, rapidement, avalant quelque chose avec une boisson chaude et repartant aussitôt. Il y avait tellement à faire.

Par où commencer? Notre tente était en mauvais état, mais elle était solide, résistante et Enrique avait fait du bon travail en l'encerclant solidement avec des cordes, mais tout le devant était déchiré, arraché. Une vraie chance, le côté chambre avait peu souffert, mais tout le contenu des valises était mouillé, enfin, tout était dans la boue. Certains, dans les petites tentes n'avaient plus rien. Nous nous aidions les uns et les autres, pieds nus et en maillot de bain. On pataugeait, il fallait évacuer toute cette eau, sinon nous ne pourrions rien faire.

Heureusement, comme pour nous souhaiter une bonne journée, le soleil est sorti et très vite, le sable a séché sur la plage. Les hommes ont fait des tranchées et nous avons fait la chaîne avec des seaux. Même les clients de l'hôtel sont venus prêter main forte. Le soleil a fait le plus gros du travail, il faisait très beau et le sable étant sec sur la plage, nous y avons étalé tout ce qui était mouillé.

Quel spectacle! Les autres campings avaient subi eux aussi l'orage, ils avaient les mêmes problèmes que nous.

Des avions passaient, photographiant notre misère. Il fallait avoir le moral et continuer. A l'extérieur du camping, on faisait un gros tas de ce qui n'était pas récupérable. Il y avait des moments tristes, certains partaient, ayant tout perdu, d'autres ont passé la nuit suivante dans le bar. Nous, nous avons eu la chance de pouvoir dormir dans notre tente, sur nos lits de camp. J'avais profité du soleil pour aérer le « coin nuit » et pour sécher à l'extérieur matelas et couvertures.

Nos voisins directs, Wilfrid et Sylvia, avaient acheté, en France, la même tente que la nôtre, elle aussi avait bien résisté. D'autres, Jo et Lise avaient quelques problèmes de couvertures que nous avons pu régler. Pour cette première nuit, nous avons laissé nos tentes ouvertes pour chasser l'odeur et l'humidité. Dans le camping, nous nous sommes tous aidés les uns et les autres. Inutile de chercher une chambre dans les environs, tout était complet. Nos amis de Vichy qui se trouvaient un peu plus éloignés de nous ont reçu l'aide d'Enrique et de Wilfrid pour arranger, consolider leur tente, des dégâts bien sûr, mais pas trop importants, ils allaient pouvoir y dormir tous les trois. Louis avait quelques problèmes de santé et la nuit que nous venions de vivre l'avait perturbé.

J'ai préparé quelques petites choses pour le repas du soir que nous avons pris ensemble, tous les six. Autour de nous, d'autres amis campeurs se réunissaient pour prendre un frugal repas. C'était bon pour le moral! Ce soir-là, nous savions tous que demain serait un autre jour... Un autre jour difficile, il suffisait de regarder autour de nous ; tout était déformé, plein de bosses, plein de boue, il restait beaucoup à faire.

En revivant ces moments, je pense avec beaucoup de compassion aux événements actuels qui se passent dans le monde, aux guerres, massacres et désordres climatiques, poussant sur les routes de l'exil ces milliers de familles. C'est plus grave que ce qui nous est arrivé au camping et pourtant c'était déjà difficile, alors pour eux j'imagine!

Quand l'homme exagère, la nature réagit durement. Je pense à toutes ces constructions bâties un peu partout, sans discernement. Elles ne permettent plus à l'eau de s'infiltrer, alors il se produit des catastrophes, l'eau, la boue, la neige balayent en quelques instants tout ce qui se trouve sur le chemin, maisons et habitants, ne laissant que des souvenirs aux survivants.

Au camping, la vie reprenait doucement, chacun essayait de réparer, de camoufler les dégâts. Mais, une chance, pas de victimes, mises à part quelques blessures sans gravités. Enrique a beaucoup aidé Papa Luis pour remettre en état la clôture du camping et l'intérieur du bar. La plupart des campeurs se sont rendus utiles, chacun en fonction de ses compétences. Ce fut un bel exemple de solidarité. Pour beaucoup la fin de leurs vacances arrivait, nous avions encore des belles journées sur la plage et des sorties toujours bonnes pour le moral. Nous avons aidé Marthe à replier leur tente, ils rentraient chez eux. Louis n'était pas bien, elle conduirait la voiture jusqu'à Vichy.

Les habitudes refaisaient surface, le petit livreur de glace était de retour tous les matins et le « Moscatel » nous faisait, comme avant nous réunir. Mais, Non! Ce n'était quand même pas comme avant. On profitait de ces belles journées. Les hommes, après la sieste, reprenaient un passe-temps indispensable: Le jeu de boules, sur le chemin. C'était très sérieux.

La partie engagée, si une voiture voulait passer, elle devait attendre et alors les occupants de la voiture venaient donner leur avis, comme tout le monde. Ça se chamaillait gentiment pour quelques centimètres de plus ou de moins. Que de rires, un vrai spectacle et pour les paroles ils n'étaient pas en manque d'imagination. Il y avait quelques plaisantins reconnus, c'était un bon moment de divertissement pour tout le monde.

Et puis, un après-midi comme tous les autres, nous étions sur la plage quand le soleil a disparu caché par de sombres nuages. Alors, affolement général, nous n'avions pas oublié. Nous avons rapidement quitté la plage pour le camping. Nous avons eu droit à une averse, un petit vent a poussé les nuages un peu plus loin. Ouf! C'était fini. Mais la crainte s'installait, nous avons décidé de rentrer. Les vacances se terminaient Nous avons annoncé notre départ à Papa Luis et à sa famille. Beaucoup de Français partaient, la rentrée scolaire approchait.

Les Allemands restaient un peu plus longtemps et nous avons organisé une soirée de départ pour ceux qui partaient... Et pour ceux qui restaient.

Le lendemain, dure journée pour nettoyer, démonter et ranger la tente et tout le matériel, le grand nettoyage se ferait à Bobigny, en attendant il fallait tout caser dans la voiture. Notre dernière nuit, ce fut comme la première fois, dans le bar avec nos lits de camping et les duvets. Papa Luis était très triste, tout comme la famille. Nous les avons remerciés pour leur présence, leur gentillesse et leur *générosité tout au long de notre séjour, pendant les bons moments et les mauvais. Après l'orage et notre séjour forcé dans le bar, nous les campeurs avions voulu les dédommager pour tout ce qui avait été consommé tout au long et après cette triste nuit où il avait laissé à notre disposition tout ce dont nous avions besoin. Mais Papa Luis n'a rien voulu recevoir. Le matin de notre départ, on n'avait jamais encore vu cela, au moment de partir, quelle surprise! Les campeurs, encore présents, nous ont fait une haie d'honneur en chantant et en tapant sur des casseroles.*

Entendre chanter: « Ce n'est qu'un au revoir mes frères », dans plusieurs langues, c'était très impressionnant. On riait, on pleurait, c'était très émouvant, trop bouleversant. Et c'est en les voyant agiter des serviettes que nous avons pris la route du retour.

Cette année-là, nous quittions ce camping pour la dernière fois.

Après quelques années, Visite au « Coral »

Nous sommes revenus avec des amis quelques années après, mais à l'hôtel. Nous avons retrouvé Papa Luis et sa famille avec un petit pincement au cœur. Mais les choses avaient changé. Il ne s'occupait plus du camping, il avait passé le « flambeau » à ses fils.

L'un d'eux, Léon avait épousé une Allemande et José une Espagnole. Pendant ce court séjour, Papa Luis nous a expliqué qu'il pensait très souvent à ces années-là quand son camping « Le Coral », n'était occupé que par des touristes étrangers dans la bonne entente de l'époque. Il était très déçu par les campeurs espagnols qui avaient pris la suite.

Visites aux amis

A cette occasion, nous sommes allés saluer la famille « Mousso » à Callélia. Ils avaient vendu le restaurant, les parents s'étaient retirés dans leur maison de campagne. Leur fils Juan *travaillait le soir dans un grand restaurant, il était responsable du personnel et son frère Fernando, ce qui lui allait très bien, était animateur à la radio locale. Leurs épouses avait chacune ouvert un commerce, l'une, une parfumerie, l'autre avait créé un petit atelier, où avec quelques machines elle confectionnait des chaussettes de toutes sortes; Fernando, dans ses heures libres l'aidait à gérer cette petite entreprise. Tout allait bien pour tout le monde. Cette année-là», avec nos amis allemands, hélas! Sans Wilfrid, nous sommes allés jusqu'à la frontière du Portugal. Au retour, Ulla a fait un joli livre souvenir avec beaucoup de photos retraçant notre superbe circuit et elle nous l'a offert.*

Camping « le Coral » en Espagne

Villarcayo, près de Burgos

Après ces années « camping sur la Costa Brava », afin de nous rapprocher des familles et du grand père d'Enrique, nous avons changé de secteur. Puis nous avons fini par acheter un « pied à terre » à Villarcayo.

L'appartement en Espagne

C'était un bel appartement situé sur une jolie place de cette bourgade ou petit village situé entre Burgos et Bilbao. Pendant les vacances d'été, c'était la fête tous les jours! Il y avait des bals qui duraient toute la nuit, nous y avons connu beaucoup d'amis! Les estivants étaient des Espagnols qui venaient par cars des villes environnantes, on se demandait où couchait tout ce monde? .... Ils résidaient souvent dans leur famille.

Pendant longtemps, dans le coin, j'ai été la seule parlant le Français. Heureusement, je me débrouillais bien avec la langue espagnole

Daniel étaient devenu un bel adolescent et il parlait

maintenant parfaitement l'espagnol. Copains et copines ne manquaient pas, c'était une bande joyeuse profitant de tout. Souvent il jouait au fronton, où les espadrilles ne résistaient pas très longtemps. Il faisait aussi du vélo, mais on le voyait tout de même pour les deux repas du jour.

A deux pas, il y avait un « rio », c'était superbe, on s'y baignait (pas moi), mais aussi on y pêchait. A certains endroits, on attrapait des écrevisses (cangréjos) et si le soir on s'attardait au bord de l'eau, les hommes faisait un feu de bois pour que je fasse cuire ces petites bêtes. Il pouvait faire nuit, nous mangions même parfois à minuit. Oui, nous vivions à l'heure espagnole! Le matin, les commerces n'ouvraient pas avant dix ou onze heures, pour les plus courageux! Tout le monde trouvait cela normal! Devant chez nous se tenait certains jours un marché; pour cette occasion, les commerçants arrivaient de bonne heure. Nous étions au troisième étage, nous avions un grand balcon et je les regardais s'installer. Il y avait de nombreux vendeurs qui déballaient leurs marchandises, les uns, beaucoup, les autres peu.

Il y avait toutes sortes de produits, des légumes, des fruits, de la viande, de la charcuterie et aussi des vêtements, des chaussures, des bibelots, des gâteaux, enfin tout ce que l'on trouve sur un marché. Il y avait foule, les gens venaient des campagnes, certains pour acheter, d'autres pour essayer de vendre leur production, parfois très limitée. Tout cela se passait dans un bruit terrible, ils s'interpellaient, plaisantaient, essayant de capter l'attention des passants! C'était un lieu de rencontre car certains ne descendaient de la montagne que ces jours-là.

« Enrique » allait souvent, en voiture, chercher la famille et il les remontait chez eux, plus tard, avec leurs achats; ils appréciaient tous!

Villarcayo, la place, avec notre immeuble

(un petit bout à droite)

Quel spectacle du haut du balcon, cette foule en mouvemen. Les cousins, les cousines venaient et en particulier le cousin Sergio, qui était devenu un beau jeune homme, il s'est marié pendant notre séjour. Blanche, son épouse, avait une sœur qui elle aussi s'est mariée au même endroit, le même jour. Pour ces deux mariages simultanés, nous étions plus de cent cinquante invités. Quelle fête!

Les jours de marché, sur cette place près de notre immeuble, on se retrouvait et on essayait d'entrer au café restaurant en bas de chez nous, car l'apéritif ouvre l'appétit ! Et quelques « tapas », c'est sacré ! Et ils en mangeaient des « Tapas » !

Devant les comptoirs, le sol était jonché de papiers.

Cela ne posait aucun problème, ils jetaient papiers, mégots et autres, par terre ! C'était la fête dans tous les bistrots de Villarcayo, pendant toutes les vacances. Cela se passait sans doute comme ça dans toute l'Espagne, sauf peut-être dans les établissements plus côtés ! Il est vrai, la première fois que l'on assiste à ce spectacle, dans cette ambiance tapageuse, ça surprend.

Il y avait aussi des bandes de copains, sept, huit, ou plus qui venaient pour « alterner »; c'est-à-dire qu'ils faisaient tous les bars ou presque de Villarcayo. Tout de même, je crois qu'il fallait tenir le coup... Ils payaient les consommations cela consistait à offrir un petit verre de vin, à tour de rôle ! Certains ne finissaient pas leur verre... Avouez que c'est une drôle de distraction.

Parfois, on y voyait le maire, les banquiers (par obligation, disaient-ils !) et aussi Enrique et des copains... Enrique réglait pour tous au deuxième bistrot; puis il les prévenait que ce n'était pas l'habitude en France et quittait le groupe. La joyeuse bande continuait tranquillement la promenade... Ils marchaient en groupe, ne s'inquiétant pas de parfois gêner ceux qui arrivaient en face dans les rues.

Au cours de ces nombreuses années passées en Espagne, du nord au sud, j'ai vu tellement de choses… C'est vrai que chaque pays a ses coutumes, ses habitudes!

Une fois, toujours à Villarcayo, j'ai vu passer un enterrement. Les personnes, derrière le corbillard, étaient en shorts, en robes légères de couleur. Certaines avec des voitures d'enfant. J'avoue avoir été surprise, en comparaison avec la France, ce n'était pas encore comme ça! Pour tous ceux qui étaient là, rien de choquant! Certains comme chez nous, faisaient le signe de croix. Et le même soir, sur la place, grand bal et aussi devant les bars!

Ces bars étaient nombreux, et certains soirs ou au petit matin, c'était assez difficile de s'endormir. Les orchestres jouaient, chacun leur partition, ce n'était ni le même air, ni la même chanson! J'avais l'impression que ça ne gênait que moi, ils étaient infatigables car tous les soirs ça recommençait avec toujours autant d'allégresse! On se retrouvait avec les cousins et copains, toujours avec le même plaisir. Enrique vivait une autre vie.

1972: Toujours en Espagne

Toujours Villarcayo, Daniel lui aussi s'y sentait bien, loin de Bobigny. Avec ses copains, copines et amis, il a fêté ses dix-huit ans.

Daniel 18 ans, les amis de Médina

Nous lui avons laissé pour l'après-midi l'appartement, avec gâteaux, jus de fruits et recommandations. A notre retour, c'est avec une agréable surprise, que nous avons retrouvé l'appartement rangé, propre. Les filles avaient lavé et rangé les verres, la vaisselle, tout était propre! Pour eux c'était une marque de respect et aussi de remerciements.

Je n'ai pas encore parlé de « Médina », petite ville un peu plus importante, à sept kilomètres de Villarcayo. Là, les commerces étaient plus nombreux et ils ouvraient plus tôt le matin. Cette situation entretenait une certaine rivalité entre les deux agglomérations. Nous y avions des amis, surtout un grand copain d'Enrique: Julio. Il tenait avec ses frères, le plus grand restaurant du coin. Lui, il faisait surtout de la pâtisserie dans son grand « laboratoire », il la vendait dans une jolie boutique à côté du restaurant. Il approvisionnait aussi Villarcayo. Je ne sais pas vous dire combien il pouvait vendre de gâteaux, c'était incroyable. Pour pouvoir rencontrer Enrique, il lui demandait de venir l'aider, comme ça, il pouvait parler avec lui. Nous savions comment tout était préparé et avec une propreté méticuleuse. Il avait le sens de l'organisation, il était très moderne dans le choix de ses machines, ses fours. Il avait deux jeunes hommes pour l'aider. Malgré tout ce travail, il était toujours souriant. Il avait même, avec sa femme pris le temps de faire trois beaux enfants!

Son épouse tenait avec son frère une poissonnerie, elle était toute aussi souriante que Julio. L'argent, je crois coulait à flot, mais que de travail, il fallait être jeune pour tenir le rythme et être en bonne santé. Les moments que nous passions ensemble étaient comptés, mais nous nous retrouvions toujours avec un grand plaisir, c'était très gai! Les faire venir ensemble tous les deux pour déjeuner à la maison, C'était très difficile. Nous avons de ces moments-là de très bons souvenirs, avec toute la famille et les amis.

Mais ces vacances n'étaient pas reposantes, on se lasse de tout, même des meilleures choses ! Villarcayo, c'était toujours aussi bruyant, jour et nuit avec toute cette agitation, dommage, on rêvait de tranquillité...

Pourquoi pas une maison de vacances en France? Alors, nous avons décidé de vendre.

Ce fut vite fait! C'est vrai, on laissait de bons amis, la famille, il y eut beaucoup de déception et de tristesse. Mais par la suite nous avons revu les cousins, les cousines, certains sont même venus travailler en France.

Soulac sur Mer

Souvent, lorsque l'on rentrait de vacances en Espagne on s'arrêtait en Gironde, invités dans la maison de campagne des cousins, Jim et Julie. Elle était située dans les vignes. Ils avaient trois enfants, Rémi, Jack et la petite sœur Susie, du même âge que Daniel. On, y rencontrait aussi la maman de Jim, on l'appelait: Cousine Franca, elle était de la famille de mon beau-Père. C'était toujours un vrai plaisir de les retrouver. C'est là que nous avons fêté joyeusement les vingt ans de Daniel et de Susie.

J'aimais beaucoup cette maison, un vrai havre de paix, de bonne humeur, plein de gaîté, j'y pense encore. Julie était un peu comme ma grande sœur. On avait toujours quelque chose à raconter et puis nous chantions tous. On rendait visite au frère de Jim ou bien il venait nous retrouver. Sa femme c'était Odile et ils avaient un fils Jean-Claude.

La petite maison en Gironde

Ils savaient que nous cherchions une petite maison près de la mer, auprès d'eux si possible. Ils *avaient aussi un « cabanon » à Soulac. C'est là que nous avons fini par trouver, non pas « la petite maison dans la prairie »... mais dans les bois. C'était une jolie maison, au premier regard, notre choix a été fait... Elle était au bout d'une allée bordée d'arbres, sur un beau jardin recouvert d'une prairie rustique. Sur le devant, il y avait quelques marches, un joli perron et à l'arrière, la maison donnait de plein pied sur un grand terrain. Au-delà, sans clôture, la forêt et un chemin tracé par les anciens propriétaires, nous conduisait au cœur du bois.*

Près de la cuisine, il y avait un barbecue en pierres. Cet endroit, à aménager sous les arbres, était idéal pour prendre en été, les repas à l'extérieur. Cet emplacement, j'en rêvais. Les anciens occupants de cette petite maison l'avaient baptisée « Le Farfadet », trouvant ce drôle de nom amusant, nous l'avons gardé.

Le premier matin, en chemise de nuit, assise sur les marches du perron, une tasse de café dans les mains, j'ai ressenti un plaisir intense. C'est tout simple le bonheur... Quelques fois! Les anciens propriétaires nous avaient présenté les voisins proches: des Girondins, des Parisiens et même d'anciens Marseillais Jules et Élisabeth qui sont devenus de vrais amis. Nous faisions, Élisabeth et moi des belles balades en voiture et à la saison des champignons nous partions en forêt toutes les deux avec notre « garde du corps », une magnifique chienne, « Callie » qui ne s'éloignait jamais de nous. Au début, je trouvais drôle, incroyable cette excitation et ces secrets entre chercheurs, croyant avoir trouvé le coin, qui à dater de cette découverte leur appartenait... presque!

Sûrs de leur bon droit, ils partaient au petit jour, pour chercher « leur bien ». Il fallait se lever tôt, pendant cette période les amateurs ne manquaient pas. La forêt était alors très fréquentée par les « chercheurs du dimanche », comme on disait à l'époque! Le petit panier à la main, on partait. La forêt vibrait de rires et d'exclamations de satisfaction en cas de découverte. Moi j'aimais bien, on se croisait, on échangeait quelques mots, un sourire! Que des belles journées. Avec nos voisins, nos amis, sans oublier les cousins Jim et Julie nous avons vécu beaucoup de bons moments. Aujourd'hui, beaucoup nous ont quittés. Avec Élisabeth et Corine une autre voisine, nous étions du même âge, nous communiquons encore aujourd'hui par téléphone, ainsi qu'avec Micheline la fille d'Élisabeth. Nous échangeons nos souvenirs et nous nous tenons informées de nos petits problèmes de santé.

Enrique voulait une maison plus grande. Il y en avait une à vendre, toujours à Soulac, dans un endroit appelé le quartier des musiciens (Les rues portaient toutes le nom d'un musicien).

En attendant, la vie continuait et pendant toutes ces années nous avons eu de belles histoires d'amour qui ont rapproché les familles.

La famille proche

Mon frère cadet s'installa commerçant, mon frère ainé revint en France et nous avons marié la petite dernière.

Sophie change de vie

Ma mignonne petite sœur Sophie avait volé de ses propres ailes et épousé l'élu de son cœur, son prince charmant Christophe. Ce fut une belle journée le jour où ils se sont dits « oui », signant une belle page d'amour. Ce fut une jolie noce, la pluie s'était invitée à la fête, je m'en souviens. Un bon présage parait-il! La preuve, quelques années plus tard est né un joli poupon aux yeux bleus comme son papa. Loïc est venu combler leur bonheur!

Aujourd'hui il est devenu un homme, encore jeune, encore célibataire, bien installé dans sa vie. De retour sur les terres de ses ancêtres, en Périgord depuis plus d'une décennie, il reçoit les vacanciers et les touristes dans sa maison d'hôtes. Christophe et Sophie vivent maintenant une retraite heureuse dans le Var.

Mon frère ainé Patrice revient

En mille neuf cent cinquante-sept, mon frère Patrice, militaire, avait épousé Émilie, loin de nous au Maroc. Après diverses affectations en France, en Allemagne, Patrice a quitté l'armée. Après avoir séjourné à Melun, ils se sont installés à Nice où en bordure du marché aux fleurs, ils géraient un magasin de souvenirs, droguerie.

Ensuite, toujours commerçants, ils sont venu s'installer dans le Var.

Ils avaient eu au Maroc, avant de rentrer une délicieuse petite fille, Clara.

Clara! Je me souviens encore du bonheur de ton papa lorsqu'il te voyait te balancer en cadence en écoutant à la radio la chanson: « Salade de fruits, jolie, jolie, jolie, tu plais à ton père, tu plais à ta mère... »

Hélas, notre gentille Émilie nous a quittés, très jeune, beaucoup trop tôt.

Clara est devenue une belle jeune femme, sa profession la mettant au service des malades. Puis mariée, elle a mis au monde une petite Clotilde qui aujourd'hui vole aussi de ses propres ailes. Le travail de Clotilde l'a éloignée de son midi natal, elle vit maintenant en Bretagne, après avoir réussi de brillantes études d'ingénieur. Quelques années plus tard, Patrice a convolé avec Christine une charmante femme, une amie de Bandol, *commerçante elle aussi. Patrice, après quelques années d'activité avec le bar-tabac sur la place de l'église avait créé un petit tabac-souvenirs, sur la route de Marseille. Mais, en mille neuf cent soixante-dix-neuf, cette horrible maladie, à nouveau, a eu raison de ce court bonheur. Patrice ne pouvait plus tenir son commerce, tellement il était fatigué. Christine, devait faire face avec sa propre boutique*

En attendant de solutionner le problème avec la Régie des tabacs, il a fallu gérer ce magasin qui ne pouvait fermer, même provisoirement. Alors des deux côtés dans la famille, nous avons répondu à son appel. Avec Jérome et Irène, nous sommes venus pour aider. Ils avaient tenu un commerce, ils savaient comment faire, comment s'y prendre. Jérome, quelques heures par jours m'enseignait comment gérer la situation. Il m'expliquait, me disait de ne pas paniquer, que j'allais très bien m'en sortir. Mais les premiers matins, seule au milieu de tous ces paquets grands et petits, dans cette odeur pas désagréable mais entêtante, j'étais pour le moins inquiète. Les clients, compréhensifs parfois, m'aidaient dans mes recherches lorsque je tâtonnais. A l'automne, la vignette auto a fait son apparition, tout de même, pour moi, une belle complication. Christine, certains soirs après avoir fermé sa boutique, venait m'aider avant de rentrer à la maison. Ensuite nous rentrions retrouver Patrice le plus vite possible. Il était tranquille et satisfait de savoir que nous faisions le nécessaire pour tenir son commerce. A la Toussaint, notre Patrice nous a quittés après avoir lutté longuement contre la maladie, lui qui aimait tellement la vie.

Nous étions tous près de lui lorsqu'il est parti.

Mon frère cadet devient commerçant

Dans notre enfance, Jérome, mon deuxième frère était toujours prêt pour faire quelques blagues et après, nous acceptions, tous complices, la punition collective de Maman.

Il était presque mon jumeau, comme on dit! Il est vrai que nous n'avons pas une grande différence d'âge tous les trois et nous avons tellement de souvenirs en commun, Patrice, Jérome et moi. Jérome avait épousé à la fin de la guerre, une amie, Irène. Nous avions tous grandi ensemble dans le même quartier. Les années ont passé, ils travaillaient chacun de leur côté, puis ils ont ouvert un magasin à Aubervilliers.

« Au papier peint », ils vendaient tout ce qui était nécessaire à la réfection d'appartements, de maisons: matériel et outillage de peintre, du papier peint, de la peinture, etc... Le commerce marchait bien. Plus tard, vers mille neuf cent soixante-seize, après avoir cessé leur activité ils sont partis rejoindre la sœur d'Irène (prénommée elle aussi Sophie), et son mari.

Le magasin de Jérome et Irène à Aubervilliers

Ils se sont tous installés au bord de la méditerranée pour y vivre leur retraite. Et puis après quelques années heureuses, la maladie, encore elle, a frappé. Le décès d'Irène en mille neuf cent quatre-vingt-sept, a bouleversé la vie de Jérome, cette terrible maladie, le cancer a encore eu raison d'une vie.

A cette époque, il avait quelques ennuis de santé et nous, pour nous rapprocher un peu pendant les vacances, nous avons acheté un petit appartement tout près de lui. Les années passant, Jérome a refait sa vie avec Marcelle, une dame veuve elle aussi, elle l'a aidé à retrouver la paix. Elle était la maman de grands enfants mariés. Ils ont vécus de belles années ensemble dans je crois une entente parfaite, heureuse, j'ai beaucoup apprécié Marcelle.

Trop vite, Sophie la sœur d'Irène et son mari qui habitaient la maison d'à côté sont partis eux aussi.

Et puis, récemment, Marcelle aussi est décédée, la maladie, l'âge ont mis fin à leur vie commune. Jérome est maintenant seul et il supporte très mal cette solitude imposée. Le décès de sa compagne l'a beaucoup perturbé, et avec les années on réagit moins bien, face à cette solitude.

Notre corps avec l'âge perd de sa vigueur, l'esprit est parfois moins vif et tout cela, pour certains, enlève le désir de faire l'effort de continuer, conscient surtout qu'on est tributaire des choses de la vie. Oh! Il n'est pas isolé, et peut-être a-t'il aussi le regret de ne pas avoir eu d'enfant? Bien sûr, il n'est pas complètement seul, trois fois la semaine, une personne vient s'occuper de lui, entretenir sa maison, veiller à l'approvisionnement des repas, lui tenir compagnie veiller à son confort. France, la fille de sa compagne disparue, vient passer la journée du Jeudi avec lui, gérer un peu sa vie et quand elle peut le convaincre de sortir, de bouger un peu, elle l'emmène déjeuner au restaurant.

Ses voisins, charmants, serviables surveillent un peu ce qui se passe, mais malgré tout cela, il a le sentiment d'être bien seul. Nous nous téléphonons souvent lui et moi, toutes les semaines, ou plus, nous bavardons longuement.

Aujourd'hui, au moment où j'écris ces lignes, pour quelques jours Sophie et Christophe sont avec lui pour l'aider. Il fallait régler quelques problèmes, et puis, c'est « Pâques », mais surtout pour voir comment il va, sa santé et surtout, son moral. Ils habitent à un peu plus de deux heures de voiture, et répondent toujours présents quand c'est nécessaire, lorsqu'il a un souci. Jérome apprécie beaucoup leur présence.

Voilà déjà un bon nombre d'années, en mille neuf cent soixante-quinze, Sophie, Christophe avec Loïc leur fils ont quitté la région parisienne. Si je me souviens bien, c'est pour des raisons professionnelles que Christophe a été appelé à Marseille Avec la possibilité de se rapprocher du soleil, c'était tentant, toute la famille a suivi. Sophie, a obtenu sa mutation à Marseille, non sans mal.

C'était une nouvelle vie qui commençait, mais il leur avait fallu quand même laisser derrière eux: la famille, les amis et quelques souvenirs. L'avenir était devant eux... Plein de surprises. Ils avaient déjà une belle situation. Je me souviens avec plaisir que Sophie, encore à Paris, avait été choisie, pour sa compétence bien sûr et pour son sourire, sans doute, pour présenter à la Télévision française les nouvelles dispositions prises en matière de retraite. Elle passait très souvent dans une courte émission, elle était: « Mademoiselle Sécurité Sociale », elle nous expliquait ce que nous devions savoir en matière de retraite! A cette époque, j'avais une petite librairie. Une cliente qui habitait à côté, venait me prévenir quand Sophie passait à la TV. Je n'avais pas de télévision au magasin. Alors, si je n'avais pas de client, je fermais ma librairie, j'accrochais ma petite pancarte « je reviens de suite » et partais chez la voisine.

Je n'en avais que pour quelques minutes. C'est vrai, j'étais fière de ma petite sœur! C'était presque une vedette!

Quelques années auparavant, j'avais moi aussi passé le concours d'entrée pour travailler à la Caisse Vieillesse de Paris. Mais J'avais déjà des problèmes de santé et je n'y suis pas restée longtemps, c'était un mauvais calcul.

Je me souviens, le jeudi matin, jour de congé scolaire hebdomadaire, j'amenais Daniel avec moi au bureau. Il y avait une garderie pour les enfants du personnel et en fin de journée, on reprenait ensemble le chemin de la maison

Enrique, professeur dans l'enseignement technique, avait beaucoup plus de vacances que moi. La situation ne lui convenait pas. Alors, j'ai démissionné. J'ai même fait mon préavis dans le bureau de Sophie Il y a eu quelques larmes versées le jour de mon départ, souviens-toi Sophie.

1968, Naissance de Loïc

*E*n cette année des grands mouvements, de grandes grèves, Sophie et Christophe ont eu un fils, Loïc. Ce nouveau bébé suivait la tradition:

Sophie était née 14 ans après moi,

Daniel 14 ans après Sophie

et Loïc est arrive 14 ans après Daniel !

La Librairie

Une autre erreur a été de prendre cette librairie, elle nécessitait beaucoup d'heures de présence au magasin. L'ouverture se faisait à six heures, pour les clients des journaux.

Commerçante, je m'organise

Quelques fois, je n'arrivais pas à temps, je devais prendre successivement deux autobus. Les livreurs déposaient les paquets devant la porte et les clients habitués se servaient et réglaient le soir. A l'achat de ce commerce, j'avais été courageuse mais inconsciente. Je dormais peu, le trajet n'était pas simple, pourtant je me sentais bien dans mon petit magasin. Je voyais tous les jours les mêmes personnes, des relations amicales se nouaient. Je faisais aussi les fournitures pour le lycée d'à côté.

Ces jeunes venaient, ils me racontaient leurs petits ennuis ou plaisirs, ce n'était pas triste. Certaines clientes prenaient chaque semaine leurs magazines et avec elles, j'étais au courant de tous les potins du quartier.

J'avais pris un coursier, qui était indispensable pour le réassortiment des fournitures et des livres, il passait tous les jours. Puis il y avait les représentants et des amis. En plus des journaux, on me déposait des livres que je mettais en vitrine. Je lisais beaucoup et certaines personnes me demandaient de les conseiller pour leurs achats, c'était plaisant et intéressant. Puis dans l'après-midi arrivaient pour la vente, les journaux du soir. C'est vrai, tout ce mouvement faisait que les journées passaient très vite. Tout de même, beaucoup d'heures de présence, je tenais le coup, comme on dit.

Mais les journées n'étais pas terminées, à la maison, on m'attendait! Daniel, souvent préparait la table ou il venait m'attendre à l'autobus. Enrique était occupé avec le lycée, les corrections, les préparations pour le lendemain.

J'étais prise dans un tourbillon d'indépendance, je passais plus de temps au magasin qu'à la maison. Et puis la vie crée parfois des situations que nous n'aurions jamais imaginées. Il fallait réagir, vite.

Le bonheur est un combat permanent, les évènements ont mis en évidence toutes les difficultés de notre vie, en particulier pour notre travail. Comme beaucoup, accaparé par lui, la situation nous fait commettre quelques débordements, des erreurs communes à tous les couples, parfois irréversibles. Mais lorsqu'il y a des enfants, « danger ». Je pensais à Daniel, j'étais consciente que cette nouvelle façon de vivre pouvait le perturber. Il était très raisonnable, s'adaptant à la situation. Il venait me voir de temps en temps à la librairie, nous étions contents tous les deux de nous retrouver ensemble.

Je partais le matin, il dormait encore, les soirées étaient courtes, le lendemain il y avait l'école. La journée du dimanche, je faisais en sorte qu'elle se passe de façon agréable, mais j'avais tellement à faire! J'aimais la librairie, mais je comprenais que malgré ce désir et le plaisir que j'en tirais, tout ce temps que je lui consacrais m'éloignait de plus en plus de la maison. Cette liberté engendrait, sans chercher, d'autres situations... Et puis, j'étais fatiguée, je savais que je ne pourrais pas continuer bien longtemps. Je pensais à Daniel, à tous ces moments précieux que nous avions ensemble, avant!

Enrique m'a demandé de réfléchir, je savais ce qu'il voulait...C'était que j'arrête et que tout simplement nous reprenions une vie normale et pour cela, vendre la librairie. Nous avons eu la sagesse de nous expliquer calmement, sans remuer les choses qui risquaient de compromettre cette décision. Je comprenais qu'Enrique avait fait face à des moments difficiles et qu'il avait eu des moments de révolte à mon sujet. Oh! Il n'a pas fui devant la situation et il a réglé seul ce qu'il avait à faire et surtout ce qu'il voulait faire. Je réalisais tout à coup le désastre, cet éloignement de nos vies. Je pensais surtout à Daniel et sincèrement, je ne voulais pas ça. La librairie a été vendue assez rapidement à un *jeune couple avec deux enfants, car au-dessus il y avait un logement que nous aurions pu occuper si nous n'avions pas eu la maison. Avec moins de fatigue due à l'éloignement et aux transports, peut-être que cela aurait changé pour moi la situation. Après avoir annoncé que je vendais, j'ai fait le nécessaire auprès du distributeur des journaux. Avec mon représentant et le coursier, nous avons fait l'inventaire. C'est un vrai travail, il y a tellement de choses, mais ils m'en ont bien facilité le déroulement.*

Le plus difficile, c'était d'annoncer mon départ aux fidèles clients, leur dire que je vendais! Enrique venait me chercher certains soirs, j'avais beaucoup de rangement à refaire, ces journées étaient fatigantes, mais surtout dérangeantes moralement. Les clients, clientes, passaient pour s'informer, pour savoir, pour bavarder, par gentillesse, par curiosité. Alors je devais expliquer: trop d'heures de présence, trop long le trajet... Je savais que j'avais encore beaucoup de travail à faire avant le passage chez le notaire pour la signature de la vente. Je m'étais installée à la maison, sur la table de la salle à manger avec ma machine à écrire et ma machine à calculer, on ne disait pas encore « calculette ».

J'avais près de moi, toutes les factures, les papiers, etc... J'ai commencé par chercher le prix de chaque chose, que de détails! C'était affolant. J'ai tapé l'inventaire à la machine. Je connaissais le comptable du distributeur de journaux, je l'ai contacté pour obtenir de l'aide. Il m'a expliqué comment m'y prendre, comment présenter le document. Mais cela m'a demandé beaucoup de temps, beaucoup de travail, et je devais m'arrêter de temps en temps pour faire autre chose. Enrique s'était proposé pour m'aider et vérifier avec moi certains articles. Il ne voyait qu'une chose, j'étais là. Notre vie, moins bousculée avait repris un cours presque normal, je m'en réjouissais pour Daniel. Puis nous sommes passés chez le notaire, pas de problème et ensuite je suis allée quelques jours au magasin pour former les nouveaux acheteurs. Pourtant, avec la librairie, je me sentais libre, tout à coup. Je prenais des initiatives, j'échappais au « clan familial de mon mari ». Avec mes horaires loin de la maison, Enrique, c'est vrai, avait mal supporté la désorganisation de notre façon de vivre. Et puis, il fallait tourner cette page, nous en avions fait le choix, mais nous savions qu'au début, nous avions aussi fait une erreur.

Il y a toujours une raison, une cause à ce qui est, est, à ce qui se fait ou ne se fait pas; c'est une certitude! Enrique a beaucoup facilité les choses, il comprenait, il ne m'a plus jamais posé de question! Tout simplement, il ne voulait plus en parler. Il est vrai que dans un couple un peu ancien, après quelques années, il ne faut pas laisser s'installer la morosité, la routine, l'ennui, il faudrait de temps en temps pouvoir s'étonner mutuellement. Oh! Je ne détiens sûrement pas la vérité, mais je le crois... Rien n'est vraiment et définitivement acquis. Le temps a passé, la vie a repris, nous avions encore de belles années devant nous... Ce fut le cas.

Daniel, sa vie

Il avait passé son bac, il n'avait pas dix-huit ans. Il souhaitait, être « Stewart » à bord des avions. Je suis allé me renseigner au Bourget, l'aéroport était à cette époque encore en service. Mais il était trop jeune et il fallait avoir fait son service militaire et avoir déjà eu contact avec le public. Enrique lui disait qu'il lui fallait continuer ses études. Avec ce qu'il envisageait de faire, l'école hôtelière présentait des avantages. Après avoir fait des demandes auprès des établissements scolaires, il a eu une réponse favorable de « Thonon les bains », avec une proposition de logement. J'ai fait le déplacement avec lui pour régler les problèmes administratifs et déterminer ce qui lui serait nécessaire : linge, vêtements, etc... L'école était dans un petit manoir, tout simple, auprès du lac « Léman ». Ensuite, après son installation sur place, tous les mois je réglais les frais et la location. Mais pour Daniel, c'était trop tranquille et il nous a annoncé qu'il allait partager avec des copains étudiants, un grand appartement. Ce ne fut pas une bonne idée... Cette soudaine liberté, loin de nous......l'adolescence, rappelons-nous! C'est un passage compliqué. On croit tout savoir, mais sans vraiment savoir! La situation nouvelle a conduit à son retour à la maison. Malgré son jeune âge il a pu faire ses « premières armes » dans des grands restaurants, mais là, trop d'heures, trop de responsabilités, mais cela lui plaisait!

Enrique a réussi à lui faire admettre de rentrer dans l'enseignement pour donner des cours sur la restauration. Il a donc enseigné à des jeunes qui travaillaient en poursuivant leur formation, en accord avec leurs employeurs. Aujourd'hui on dirait « en alternance ». Ça marchait bien, mais cela n'a pas duré. Daniel avait presque le même âge que ses élèves et c'était trop monotone. Il a abandonné et il est retourné dans la restauration. La situation avait quelque peu contrarié Enrique, mais puisque c'était ce que Daniel voulait... Et on ne parla plus de sa première idée, être steward.

Ce fut une suite de circonstances, le hasard, Daniel cherchait une nouvelle place et en passant devant un restaurant qui avait besoin de personnel, il est entré pour proposer ses services. Son premier contact a été une jeune femme, réceptionniste et la suite est simple, collègues de travail, des sentiments réciproques les ont rapprochés et ont abouti au mariage. Le repas de mariage a eu lieu (nous étions en mai mille neuf cent soixante-dix-huit), dans le grand restaurant du « club Med » où Daniel travaillait à ce moment-là; tout a été parfait, la famille, les amis étaient présents, la journée agréable, les mariés superbes. Cette jeune femme, Nadia avait déjà un garçon que Daniel a reconnu le jour du mariage, une grande surprise pour la famille! Bien sûr, cette situation ne doit pas être un handicap à la vie future.

Ce petit Christian était très gentil, malheureusement il nous a quittés bien trop tôt.

De cette union est née Alexia, en janvier mille neuf cent soixante-dix-neuf, une jolie petite fille est arrivée pour le plaisir de toute la famille, j'étais heureuse de la tenir dans mes bras, je m'en souviens...

Mais tout passe, en mille neuf cent quatre-vingt-trois, les circonstances, les horaires de travail de Daniel, ont fait que le couple a été d'accord pour se séparer, Alexia restant avec sa mère. Après le divorce, très vite, Nadia s'est remariée, mais cela n'a pas duré très longtemps.

Le divorce, c'est sûr, est toujours un désastre et un moment difficile à passer pour le couple et les enfants quand il y en a. Alexia est restée vivre avec sa mère, mais Daniel a pu voir sa fille quand il le voulait et même nous les grands-parents, quand nous le souhaitions. Nous avons eu le plaisir, de temps en temps de la prendre avec nous en vacances. Alexia est devenue une jolie jeune femme, qui adore son Papa. Toujours célibataire, elle est responsable dans une chaine de restauration rapide. Elle me téléphone et vient me voir très souvent, toutes les semaines.

Elle veille sur moi et sur mes besoins, tout va bien.

Daniel a refait sa vie avec une charmante jeune femme Rosa. Aujourd'hui, cela fait trente-trois ans qu'ils vivent ensemble, tranquillement, bien installés chez eux, s'occupant tous les deux de moi. Comme le temps passe! Ils sont maintenant tous les deux à la retraite Avec Rosa, nous nous entendons très bien, elle est toujours agréable et présente quand il faut. Quand je dois me rendre à une consultation ou pour des soins, elle m'accompagne, je me sens avec elle en sécurité. Elle était infirmière.

Retour en arrière, l'intérim

Je vais faire un petit retour en arrière.

Après la vente de la librairie, il me tardait de retrouver un travail. Il me semblait, tout à coup avoir tellement de temps libre. J'ai cherché, mais cette fois, je ne devais pas faire d'erreur. La meilleure solution m'est apparue, c'était de travailler en intérim. J'ai trouvé une agence qui me permettrait de choisir ce que je souhaitais et seulement dans des entreprises de la région, pas à Paris; j'ai demandé à être libre pour toutes les vacances scolaires.

J'ai passé quelques tests et ma demande a été acceptée. J'ai toujours eu du travail. C'est spécial, bien sûr, il faut très vite se mettre au courant suivant le poste à tenir, j'ai toujours travaillé pour des entreprises importantes, j'ai appris beaucoup de choses intéressantes et tellement diverses. Plus tard, on m'a confié des postes à responsabilité, de confiance, je n'ai jamais eu de problèmes avec mon travail ou avec mes collègues de bureau.

J'ai rencontré et sympathisé avec beaucoup de personnes. Deux ans avant ma retraite, je ne travaillais plus que pour deux entreprises, sur leur demande. Lorsque je les ai quittées, j'ai eu droit à un vin d'honneur, aux cadeaux et des fleurs, dans les deux sociétés. Je ne garde de ces années, que de bons souvenirs et surtout, j'ai eu des chefs compréhensifs.

Les parents ont vieilli

Lorsque Ignacio, mon beau-père nous a quitté en mille neuf cent soixante-dix-neuf, Graziella ma belle-mère avait des problèmes de santé.

Nous vivions dans la même maison, eux au rez de chaussée, Alfred au premier étage et nous au second.

Alors, avec ma belle-sœur, l'épouse d'Alfred, nous nous sommes partagées les jours de garde pour nous occuper de Mémé. Les quinze premiers jours du mois, le midi, je revenais pour lui préparer son repas et la faire manger. Dans ces périodes, bien souvent, moi, je n'avais pas le temps de manger. Je devais prendre le bus et c'était avec un peu de retard, certains jours que je reprenais le travail. Jamais mes chefs ne m'ont demandé de rattraper ce temps perdu.

J'ai souvent dû refuser les offres d'embauche qui m'étaient faites, même par l'agence d'intérim. Ça ne correspondait pas à ma situation, alors, pas de regret, je me sentais encore libre. Maman avait quitté Aubervilliers pour habiter dans le midi, tout près de chez Patrice, dans un studio qui appartenait à Jérome.

Elle était près de Patrice, Emilie et Clara. Chaque semaine elle voyait Sophie et Christophe qui avaient là-bas une petite maison de week-end. Je me suis plus occupé de ma belle-mère que de ma mère qui était au loin. Maman a eu près d'eux, quelques belles années.

Elle nous a quitté deux ans avant Mémé, toutes les deux un onze juillet, le temps a passé! Quand Maman a eu des problèmes de santé, Patrice n'était plus là, Jérome loin. Alors Sophie et Christophe l'ont pris chez eux, à Marseille.

Ce n'était pas facile ils travaillaient tous les deux et Loïc était un gamin. Lorsque son état s'est aggravé elle est allée dans une maison de retraite.

Voyez-vous, on dit que les années apportent la sagesse, la sérénité, c'est sans doute vrai, mais elles apportent surtout la vieillesse et quelques fois son lot de complications. Pour certains parfois, le destin fait bien les choses... Ainsi va la vie! Pour les chanceux on peut encore vivre de très belles années, mais au ralenti.

Le quartier des musiciens, Soulac

Comme nous l'avions souhaité, après la vente du « Farfadet », nous avons acheté cette grande maison qui plaisait tant à Enrique. Elle était située pas très loin de nos anciens amis, toujours à Soulac, dans un quartier tranquille.

Cette maison était sur deux niveaux, nous avons choisi de garder pour nous le premier étage, pour y passer nos deux mois de vacances Pour le rez de chaussée, pendant notre présence, nous avons décidé de louer à des vacanciers.

La nouvelle maison

Elle était bien plus grande que le « Farfadet ». Elle comportait deux beaux appartements que nous avons meublés avec plaisir. Nos locataires appréciaient le jardin derrière la maison, très plaisant, avec des arbustes, des fleurs, à l'abri des regards. Ils disposaient d'un salon de *jardin pour les repas et de chaises longues pour le repos. Ils avaient une entrée indépendante.*

Nous à l'étage nous avions un grand balcon où souvent, nous prenions nos repas. Mais, le « clou » ce fut, la construction par Enrique, derrière la maison, d'un barbecue en pierres! Nos nouveaux voisins, étaient venus se présenter à notre arrivée en nous proposant leurs services, si nécessaire. Ils venaient de temps en temps bavarder avec le « constructeur ». La situation donnait lieu à de nombreux commentaires. Nous avons admiré le travail, pour édifier ce « monument ». Les compliments, les remarques fusaient, du genre: « Oh! Oui, c'est du solide ».

Ce chef d'œuvre, signé Enrique devait défier le temps, durer au moins cent ans, sans aucun doute. Bien sûr, il a été joyeusement baptisé, on y a fait de belles « grillades », de belles « sardinades », appréciées de tout le monde, à la grande satisfaction d'Enrique. Nous avons passé de très belles années dans ce quartier des « musiciens », et nous avons appelé notre maison « Beethoven ».

Le plaisir venait aussi de nos voisins, nous sommes devenus des amis. Ils étaient tous des « intellos » comme on dit, mais quelle gentillesse, ils étaient aussi plein d'humour. Nous formions un groupe de quatre couples, fêtant ensemble les meilleurs moments. Ils vivaient toute l'année à Soulac et pendant notre absence ils surveillaient la maison. Ils étaient heureux de nous voir arriver pour les vacances. Pas plus que nous, bien sûr!

Avec nos locataires, nous n'avons jamais eu de problème, c'était important pour le voisinage.

Et puis, j'aimais partir de bon matin, comme on dit dans la chanson: « à bicyclette » pour profiter de la tranquillité, de l'air pur sur cette route si agréable, jusqu'au marché. Certains matins, je rencontrais des connaissances. Alors on allait s'asseoir au bord de la mer et regarder les premiers courageux qui pouvaient s'imaginer avoir la mer pour eux seuls. Mais il fallait peu de temps pour que la plage et les rues soient envahies par une multitude venant déjà chercher quelques plaisirs.

A Soulac pendant ces mois d'été, c'était la fête tous les jours, il y avait des attractions, la fanfare et tous les soirs des bals. Les mignonnes majorettes attiraient beaucoup de monde quand elles défilaient. Tous promenaient dans les rues, sans but bien précis, s'arrêtant devant toutes les tentations... Que du plaisir! C'était tout cela, les vacances.

L'Eau de Cologne

Et puis, j'ai voulu profiter d'un petit changement, d'une envie, pour mon plaisir personnel. J'étais toujours en activité pour la maison d'intérim pour laquelle je travaillais. C'était vers la fin de l'année, j'ai dit à mon employeur que je serai indisponible pour un mois, peut-être plus.

Démonstratrice

Nous ne quittions pas Bobigny en hiver. Les grands magasins parisiens cherchaient du personnel, des vendeurs pour cette période. Je suis allée me renseigner dans un magasin où travaillait une amie, « Le Bon Marché ». Après quelques questions, on m'a demandé d'aller pendant quelques jours, participer à une sorte de stage de sélection. A la suite, on m'a proposé de tenir un stand de «parfumerie-beauté» et on s'est mis d'accord sur le salaire. Enrique n'étais pas très partant pour cette initiative, mais il m'a laissé décider. Ensuite, j'ai reçu les diverses recommandations sur la tenue d'un tel « stand », *sur les produits proposés, les crèmes, les parfums, afin que je puisse éventuellement conseiller, si possible, certaines clientes, etc....*

Comme démonstratrice, j'avais en plus, à m'occuper d'un autre stand où il n'y avait que des flacons d'Eau de Cologne, vraiment « de Cologne! » Les clientes se servaient directement et venaient régler leur achat à mon stand.

Si elles le souhaitaient, je faisais un paquet cadeau. Oh! J'ai vite appris à faire le nécessaire, parce qu'entre l'Eau de Cologne et les produits de beauté, je ne chômais pas. L'ambiance était bonne, on prenait le temps de plaisanter avec les clients qui étaient là pour le plaisir d'offrir des cadeaux et aussi de se les offrir directement. On m'avait demandé de me maquiller un peu plus, j'avais deux robes-blouses roses, que je devais porter. Ensuite, vu mon chiffre d'affaire pour cette période, le représentant de mon employeur est venu me proposer, pour me remercier, de participer à un long week-end, avec d'autres démonstratrices d'autres magasins, à... « Cologne ».

J'étais contente, Enrique un peu moins. Mon représentant me conseillait d'insister auprès de mon mari, d'après lui, c'était la dernière fois qu'un tel voyage serait proposé au personnel. Et malgré le peu d'enthousiasme familial, je suis partie. Pour ce voyage, nous étions une quinzaine et deux représentants, le comptable et la secrétaire. Nous avons pris le train, en première classe et nous sommes arrivés à Cologne le vendredi après-midi.

Nous étions attendus dans un bel hôtel-restaurant et là, on nous a conduits à nos chambres individuelles. D'emblée, j'étais très surprise en pénétrant dans la mienne, confortable, moderne, avec un joli bureau présentant cartes, papier à lettres, un petit réfrigérateur encastré, revêtu de bois et aussi une belle salle de bain avec tous les produits de beauté nécessaires. A côté du lit, un appareil diffusait une musique douce. L'éclairage, les tapis, tout étaient envoûtant. Après un brin de toilette, nous nous sommes tous retrouvés au restaurant.

En parlant de nos chambres, beaucoup pensaient qu'il était dommage de profiter seules de cette situation! La salle du restaurant était comme nos chambres, superbe. Deux tables étaient préparées pour nous, avec des fleurs. Une fois installés, on est venu prendre nos commandes pour l'apéritif. Il y avait toutes ces petites choses à grignoter en attendant le repas. Nous étions très regardés par les autres dineurs. Tout en riant et plaisantant, nous avons fait preuve de beaucoup de discrétion, notre réputation de Français était en jeux!

Après le repas, nous nous sommes attardés dans un salon pour bavarder et prendre connaissance du programme du lendemain. Au petit déjeuner, deux interprètes étaient là et nous sommes partis visiter l'usine de fabrication de l'Eau de Cologne. Nous avons été très bien accueillis et un peu surpris de voir des photos de Napoléon! Il est vrai que sur les bouteilles, il y avait une inscription. Je savais qu'elle était là pour rappeler l'origine de cette Eau de Cologne, mais je ne me rappelle plus laquelle.

En quittant l'usine, les ouvrières, souriantes nous avaient préparé des petits sacs, remplis de produits de beauté qu'elles nous remirent en nous souhaitant un agréable séjour. Pour nous, dans ces conditions il nous paraissait toujours trop court. En fin de matinée, nos interprètes nous ont accompagnés en ville devant une grande pendule où, à midi juste, nous pourrions assister à un spectacle. En effet, à l'heure dite défilèrent devant nous des figurines de métal ou en terre cuite, en musique. Et n'en croyant pas nos yeux, nous vîmes défiler en chantant la Marseillaise…. Des soldats français! Nos interprètes nous indiquèrent qu'en fin de semaine, ce spectacle attirait beaucoup de monde.

Le midi, nous avons déjeuné dans une taverne avec le plat du jour, « choucroute ». Les convives présents dans la salle chantaient. Ils avaient tellement l'air d'être heureux de nous faire participer à leurs réjouissances. Quelle ambiance! On a mangé en se tenant les bras et en se balançant en rythme, de gauche à droite. Dans ces conditions, pas facile de manger la choucroute. Nous avions été séparés par des clients, pas de problème, ils étaient ravis de nous voir participer, pleins d'attentions… Heureux, vous pensez! Des Françaises! Donc, nous avons mangé … froid. Mais c'était sans regret, ce fut un grand moment de surprises et de gaîté.

Le soir, nous avons dîné avec quelques personnalités et le Maire de Cologne. C'était beaucoup plus *tranquille. Dans ce salon de la mairie, nous étions à l'aise et Monsieur le Maire, très agréable. Beaucoup sont partis finir la soirée dans une « boite de nuit ».*

Nous sommes rentrées à l'hôtel, quatre femmes, dans un taxi et nous avons terminé la soirée avec les petites bouteilles de champagne trouvées dans nos frigos; nous avons « trinqué » avec beaucoup de plaisir. Le lendemain, visite de la ville où nous avons acheté quelques souvenirs. Comme il ne faisait pas chaud, nos interprètes nous ont conduits dans un salon de thé, chocolat chaud et viennoiseries.

Le soir, nous avons repris le train, toujours en première classe et nous avons diné au wagon restaurant. De retour à Paris, comme certaines d'entre nous n'avaient personne pour les attendre à la gare, le responsable a commandé des taxis pour nous reconduire. Un grand merci aux organisateurs de ce voyage, tout avait été parfait.

A la maison, le retour ne fut pas un triomphe... Mais tout se passa bien, quand même. J'avais reçu en cadeau un joli pot en verre décoré, rempli de très bons chocolats et une bouteille d'un alcool de marque, mais Enrique n'a jamais voulu goûter un de ces bons chocolats, ni déguster un petit verre de cette bouteille offerte.....

J'ai repris mon travail en intérim. Nous passions toujours nos vacances à Soulac, profitant au mieux des belles journées d'été. Nous étions toujours en harmonie avec nos voisins et nos locataires, quand il y en avait. Et puis Enrique a pris sa retraite, moi aussi, il ne voulait pas que je continue à travailler. Alors nous avons prolongé nos séjours, profitant des arrières saisons qui étaient souvent très agréables. Tout allait bien.

Enrique est malade

*A*un moment, sournoisement, par le chemin que l'on voudrait éviter arrive la maladie. Enrique était un peu fatigué et après consultation, le mot « diabète » a changé très vite notre façon de vivre, de penser, nous étions en deux mille un.

Il a fallu changer notre alimentation, surveiller la prise des médicaments, contrôler l'hyperglycémie. En respectant ces points, tout se passe bien mais si on devient moins attentif, c'est l'horreur!

La maladie s'installe solidement

*L*e temps a fait que le système s'est déréglé. Les cellules du pancréas qui fabriquent l'insuline ont été attaquées.

Pour combler cette perte, Enrique devait s'injecter deux fois par jour de l'insuline. Je contrôlais tout, les médicaments, les injections l'alimentation. On était en deux mille trois, j'étais son infirmière. Il avait parfois des malaises, des pertes de connaissance, il fallait être très attentif! C'était parfois, les pompiers! Le SAMU! Une petite blessure ignorée ou mal soignée au pied droit devient vite alarmante, elle nous fait craindre la gangrène et ce fut le cas.

Après l'hospitalisation est venue l'hospitalisation à domicile avec « un goutte à goutte » permanent pour éviter l'infection. Mais ce dispositif tombait en panne, le jour ou la nuit. Alors je devais contacter l'hôpital. Sans problème, deux Messieurs venaient remettre en état le système, ils étaient très gentils. Ils effectuaient quelques contrôles comme la tension, vérifiaient que tout allait bien et repartaient. Moi je devais descendre les deux étages pour ouvrir les portes et ensuite retourner les refermer. Enrique se rendormait, mais pour moi, c'était parfois impossible.

Avec un malade, ce n'est plus complètement notre vie que nous vivons, mais la sienne. Le matin, après les soins, nous prenions ensemble nos repas à table, il faut, comme avec toutes les maladies, garder le moral.

Bien souvent, le diabète fait partie de notre héritage génétique, il faut apprendre à vivre avec. Tout simplement, il faut suivre correctement le traitement, éviter le tabac, l'alcool, attention à l'obésité, il faut aussi bouger, c'est important. Si on a des doutes sur les antécédents de la famille, il faut en parler à un médecin. Une prise de sang suffit à détecter un problème de cette nature, car cette maladie quand elle s'installe, ne fait pas souffrir.

La vie continuait, Enrique se sentait bien, il souhaitait que nous partions en vacances, moi, je n'étais pas très tranquille, mais il insistait. Nous sommes partis pour Soulac, par le train.

Depuis longtemps, il n'était plus question de voiture. Le voyage s'est bien passé, pas de problème. Nos voisins sont venus nous chercher à Bordeaux pour nous éviter de prendre le car et le soir, nous avons soupé chez eux.

Ils avaient ouvert notre maison et prévu tout ce qu'il fallait pour le petit déjeuner du lendemain. Il faisait très chaud, nous étions bien dans la maison. Bien sûr, plus question de ballades, mais on profitait des bons moments, du plaisir de rire, de plaisanter, de se retrouver avec nos amis après tant de mauvais moments. Sophie et Christophe, qui séjournaient en Dordogne chez Loïc étaient venu nous retrouver, que du bonheur. Pendant leur séjour, hélas, malgré le respect de son traitement, mais avec bien sûr un peu plus de fatigue et même s'il disait se sentir bien, Enrique a eu un malaise.

Il était dans le jardin et Sophie est venue me prévenir. Il faisait très beau, famille et voisins bavardaient tranquillement dehors lorsque c'est arrivé. Un voisin, Marcel, rapidement, a déplié un lit de camping pour l'allonger à l'ombre. J'ai contrôlé son diabète. Il fallait lui faire une piqure, lui parler, le rafraichir pour avoir la chance de lui faire reprendre connaissance. Quelques jours plus tard, nous nous sommes quittés en les remerciant tous, ils avaient été tellement attentifs, toujours aux « petits soins » pour nous deux, je savais que c'étaient nos dernières vacances. J'étais trop inquiète pour quitter *de nouveau la maison où nous étions près de l'hôpital et là, je pouvais très vite faire face à un problème. Nous vivions le jour présent, toujours attentifs à un éventuel malaise; comme toujours, le moral était très important.*

Enrique était un bon malade, il ne se plaignait jamais, il me faisait confiance pour tout et moi, j'avais le soutien de mes enfants. Ils avaient leur travail mais étaient toujours présents en cas de besoin, les uns et les autres pour m'accompagner.

Bien souvent, on se retrouvait tous à la maison, on oubliait pendant ces moments les choses désagréables. Denis, notre jeune voisin et ami de Daniel, de son âge, venait souvent nous rendre une visite. Il bavardait avec Enrique, il appréciait sa mémoire, ils parlaient de mécanique, de football. Sa façon de faire revivre les évènements drôles, d'en plaisanter, d'en rire, nous faisait passer un bon moment de détente. J'en profitais aussi, de ce plaisir.

Aujourd'hui, Denis demeure toujours près de chez moi, il vient toutes les semaines me faire des courses. Il va au marché et par téléphone il répond toujours à mes demandes, toujours avec respect et gentillesse, quand j'ai un problème à la maison. Il me raconte les nouvelles, des histoires. C'est important et rassurant pour moi!

Daniel, Rosa, Alexia, viennent aussi toutes les semaines, pour les courses, souvent ils déjeunent avec moi. J'ai aussi des amis tout près de moi.

Je suis très consciente de ma chance, parce que je ne peux plus me déplacer seule, j'ai de sérieux ennuis de santé.

Cette situation est très pénible et parfois, les journées sont déprimantes. Ma petite sœur Sophie, mon beau-frère Christophe, mon frère Jérome, ma belle-sœur Christine, nièces, neveu, cousins, cousines et la plupart des amis, sont bien loin ; nos vies, nos situations à un certain moment nous ont éloignés. Jeune, il n'y avait pas de problème, mais les années ont passé... pour ma génération!

Enfin, il reste le téléphone qui nous rapproche tous très souvent, toujours avec le même plaisir, c'est le miracle du progrès! Mais c'est aussi la tendresse qui nous unit, tous. Je viens de raconter le présent dans ces quelques lignes, mais aussi je revis, aujourd'hui, les derniers moments douloureux! Comment oublier?

Un soir, Enrique a fait de nouveau un malaise. Ne pouvant le faire revenir à lui, j'ai appelé les pompiers. Avec de l'oxygène il reprenait conscience. Mais j'ai dû appeler aussi le SAMU, Enrique a été hospitalisé. Il est parti confiant et moi aussi.

Deux heures après, l'hôpital m'a appelé pour me faire savoir qu'il avait été transféré dans un autre hôpital, à Clichy sous-bois, dans un nouveau service.

Bien sûr ils m'ont dit de ne pas m'inquiéter, qu'il allait bien et que je pouvais téléphoner à tous moments. J'ai rappelé vers minuit, il dormait. J'étais catastrophée et seule à la maison, les enfants étaient partis en vacances. Le lendemain, j'ai pris un taxi pour l'aller et le retour, c'était bien trop loin par les transports en commun.

J'ai vu le médecin, il m'a annoncé qu'Enrique devait subir une petite intervention, pour un problème qui affecte les hommes à un certain moment de leur vie. J'ai appelé Daniel et Rosa, ils sont revenus.

L'opération a été faite, je me suis souvent demandé si elle était bien nécessaire. Enrique n'avait jamais eu de problème de ce côté-là. Et puis, je n'avais pas de raison de douter… Alors… Je suis rentrée à la maison. Mes enfants et Alexia étaient là, heureusement, j'étais mal, moralement et physiquement.

Enrique ne souffrait pas, j'allais le voir tous les jours, je prenais un taxi, je restais le plus longtemps possible auprès de lui. Les enfants se relayaient pour venir quand ils pouvaient pour être près de moi. Puis il y a eu des complications, des problèmes pulmonaires, ils ont duré un mois. Le dernier soir, Rosa était avec moi, je ne savais pas que c'était la dernière fois que je l'embrassais. Sous médication, il dormait, calme, son visage était reposé. Enrique nous a quittés dans la nuit… J'avais depuis dix ans aidé, partagé sa vie de malade. J'avais tellement souvent fréquenté médecins et infirmières, tout à coup, c'était le vide, une épreuve très lourde.

Je ne savais plus ce que j'allais faire. Malgré les solutions partant des bons sentiments de ma famille, je ne pouvais pas tout quitter pour vivre ailleurs. Mes années, surtout ma grande fatigue, freinaient. Je savais pourtant que rien de bien réconfortant ne m'attachait plus à notre maison.

Daniel s'est occupé de tout, papiers, enterrement, etc...avec gentillesse et compréhension, il m'évitait ces douloureux moments. Triste jour, au cimetière, j'étais désemparée. Sensible à mon chagrin, Christophe m'a pris par le bras pour m'éloigner et m'a conduit à sa voiture pour que je puisse m'asseoir.

Il fallait laisser « le temps au temps » pour pouvoir envisager, bien ou mal, ce que l'on doit décider, ce que l'on doit faire. J'avais besoin de chaleur humaine, de réconfort. Sophie et Christophe sont restés quelques jours avec moi puis sont repartis dans le midi. Daniel, Rosa, Alexia demeuraient à Paris pas loin de moi.

J'avais plein de souvenirs, soixante années de vie commune... Ce n'est pas rien. Cinq années ont passées, je suis seule et toujours là... Avec mes rêves! Mais le poids des années se fait terriblement sentir annonçant le chemin du non-retour.

Je viens en écrivant de revivre le film de ma vie. J'ai beaucoup dansé, beaucoup chanté, mais aussi, pleuré.

Heureux ensemble, parfois inconscients, ce fut surprenant, difficile sans doute, nous avons vécu de belles années qui nous ont apporté quelques satisfactions, ne regrettons rien! La vie est belle, il faut rêver... Et en profiter lorsqu'elle nous offre des *moments de plaisir et de joie car tout peut arriver, tout peut basculer en un instant. Ce n'est pas toujours le hasard, il faut être vigilant. Eh! Oui, le bonheur est un combat, mais pour qu'il soit complet ce bonheur, il faut aimer.*

Comment vivre toute une vie sans aimer. L'amour est une des plus belles choses, mais il faut savoir donner pour recevoir...

Tout simplement! Le bonheur est à ce prix... Aussi... La vie est précieuse; il faut pouvoir en profiter à chaque instant.

Pensée de Jackie

Le « livre de la vie » est le livre suprême... qu'on ne peut ni fermer ni ouvrir à son choix. On voudrait revenir à la page que l'on aime et déjà la page du chagrin est là... sous nos doigts.

Jackie

Commencé en 2012, J'ai fini ce récit en Août 2015.

Voyager dans les souvenirs

Avant de lire	5
Mes parents	15
Les années 30	17
1939, la guerre	37
L'année 1940, l'exode	53
L'hiver 1940	71
L'occupation	75
Juin 44, Le Débarquement	95
La libération de Paris	107
La vie continue	121
Après la guerre	125
Les plaisirs du jardin de Papa	133
Distractions de jeunesse	153
Le mariage	161
Vacances en camping	171
Vacances, la vie à deux	183
Les vacances retour au camping	193
1952, la moto	205
Petit retour en arrière	209
Les jours sombres	215
Le cinéma	219
L'arrivée du bébé	229
Construction et solidarité	231
Je suis malade	245
Retrouvailles.	255

Retour à la vie normale	257
1957, l'Espagne	263
Nostalgie et vacances	267
Camping, en Espagne, l'Europe en avance	275
Les Amis	279
Retour au camping sur la Costa Brava	283
L'orage, la tempête au camping	289
Après quelques années, visite au « Coral »	297
Villarcayo, près de Burgos	299
1972, Toujours l'Espagne	305
Soulac sur Mer	309
La famille proche	313
La librairie	321
Le quartier des musiciens, Soulac	333
L'eau de Cologne	337
Enrique est malade	343
Pensée de Jackie	351
Voyager dans les souvenirs...	353

www.ingramcontent.com/pod-product-compliance
Lightning Source LLC
Chambersburg PA
CBHW070718160426
43192CB00009B/1230